2022-2023

3e édition

DEAES

Diplôme d'État
Accompagnant éducatif et social

W0353823

60 Fiches de révisions

Danièle Lenepveu,
formatrice dans le secteur médico-social

Isabelle Sue,
formatrice dans les métiers d'accompagnement social
et intervenante indépendante pour différents organismes
de formation établissements sociaux et médico-sociaux

LIEN SOCIAL
www.lien-social.com

Vuibert

Note d'intention

Cet ouvrage a été imprimé lors de l'annonce d'une nouvelle réforme du DEAES. Malgré les nouvelles modalités du diplôme, il reste un bon outil de révisions.

ISBN : 978-2-311-21009-5

Conception de la couverture : Les PAOistes
Conception de l'intérieur : CB Defretin
Composition : NordCompo
Photos de couverture : © Pixel-Shot
Illustrations : coordination Marie-Christine Liennard

SOMMAIRE

Introduction : l'impact de la Covid-19 sur la formation

Il y a un an, l'OMS de Chine signalait un premier cas de pneumonie, renommé par la suite Covid-19. Cette pandémie a plongé le monde dans un état d'exception. Notre vie quotidienne est marquée par le confinement, la primauté des règles d'hygiène, le port du masque, la distanciation physique, la rupture des liens sociaux, les replis familiaux allant jusqu'à la mise à l'écart des anciens et de nombreuses autres contraintes et privations de liberté…

La vie privée et la vie professionnelle doivent se réorganiser, la dissociation de ces deux entités n'est plus aussi nette et, selon les employeurs et les professions, l'opacification des conditions de travail s'accentue, les lignes bougent, les repères tombent. Cette pandémie est venue bouleverser notre quotidien, elle soulève beaucoup de questions existentielles. Les questionnements éthiques sont nombreux ; pour en citer quelques-uns : décision de réanimation et risque de tri des patients, pratiques d'expérimentation thérapeutique, éloignement des malades sans leur consentement vers d'autres hôpitaux, privation des droits de visite, isolement strict des personnes âgées dans leur chambre… Cette crise qualifiée de sanitaire questionne également les conditions de travail, notre rapport à la nature et à l'environnement, notre manière de consommer, les rapports interpersonnels, la nature des relations humaines…

Comment sortir d'une telle crise ? La mise en place de l'état d'urgence était-elle nécessaire ? Que va-t-il se passer à la sortie du confinement ? Le choix du tout numérique est-il une solution ? Va-t-il changer durablement nos habitudes de vie ?

Pour le secteur médico-social et dans ce contexte, maintenir une continuité dans la relation d'accompagnement et de soin avec les personnes en situation de handicap nécessite de nombreuses adaptations. Les établissements et les services ont dû se réorganiser dans une situation inédite et particulièrement éprouvante. Le lien familial dans ces situations spécifiques de prise en charge et d'aide des personnes en situation de dépendance est mis à l'épreuve, créant des fragilités, ou exacerbe des difficultés, sociales, économiques, familiales, psychologiques. Nous tenons à souligner la mobilisation de tous et à citer en référence quelques-unes des initiatives prises dans les établissements ou services :

- Évolution positive des pratiques d'accompagnement à domicile : une augmentation des visites, des contacts téléphoniques avec les membres de la famille, de l'utilisation de matériel éducatif et pédagogique…

- Optimisation du travail avec les familles : des contacts plus fréquents, des initiatives partagées, un soutien mutuel… Nous connaissons l'exemple de l'équipe d'accompagnants en EPHAD qui a vécu le confinement avec les résidents de l'établissement pour limiter les entrées et les sorties, afin de réduire le risque de transmission du virus.
- Utilisation des e-mails, des réseaux sociaux et des applications de visioconférence. La diversité des outils numériques témoigne des capacités d'adaptation des équipes, des personnes accompagnées et de leurs proches. La diversité des outils utilisés a permis de maintenir un lien et une continuité dans l'accompagnement.
- Actes de générosité, comme les chefs de cuisine mettant leur talent à contribution pour nourrir et régaler les équipes d'accompagnants.

Toutes ces volontés ont contribué au maintien des relations sociales dans un temps de distanciation et d'individualisation, où l'on redoute la contamination. Autrui est un être potentiellement dangereux, l'autre est à tenir à distance ! Les accompagnants doivent prendre des précautions, ils appliquent les protocoles imposant : la distanciation, les tenues vestimentaires, les gestes barrières, la désinfection des locaux, du matériel utilisé… L'objectif est de ne pas transmettre le virus. Cela signifie qu'il faut protéger autrui comme soi-même afin de ne pas se sentir coupable devant la contamination d'une personne accompagnée. Cette responsabilité est partagée, elle peut fédérer ou séparer les équipes. Or la charge mentale liée à cette responsabilité collective et individuelle pèse de plus en plus lourd sur les épaules de chacun, et cette pression a des répercussions sur les comportements, le moral et l'état de santé.

Les semaines de confinement imposé, suivi de « déconfinement » sans réelles perspectives, auront permis des innovations dans ce secteur comme dans d'autres. Elles ne doivent cependant pas cacher ou minimiser un impact plus sombre. Aussi importants qu'ils soient, ces changements ne sont ni absolus ni uniformément positifs. Par ailleurs, il convient de ne pas banaliser la fatigue physique et morale de l'ensemble des acteurs, que ce soit les personnes accompagnées, leurs familles ou les professionnels mobilisés.

Tout au long de cet ouvrage nous faisons référence, de façon plus spécifique, à l'incidence de la Covid-19 sur nos institutions, nos pratiques professionnelles, etc.

De nombreux articles de presse, émissions de télévision, études (comme celle du centre ressource des troubles psychiques de l'Île-de-France), livres dûment documentés permettent d'en savoir plus et de poursuivre la réflexion.

Les AES, quels que soient leurs lieux d'exercice, ont sans nul doute vu leur vie bouleversée et nous souhaitons leur rendre hommage ainsi qu'à tous ceux qui ont œuvré dans cette période difficile.

PARTIE 1
Psychopédagogie

Notions et concepts : fiches 1 à 14
Pratique professionnelle : fiches 15 à 20

Fiche 1 Besoins de l'être humain

① Définition

Les besoins de la personne sont l'ensemble des éléments physiques, physiologiques, psychiques, nécessaires à la vie. Le besoin est un état de manque qui produit une tension. Celle-ci disparaîtra en obtenant satisfaction.

Les besoins et leur satisfaction peuvent être représentés sous la forme du schéma suivant :

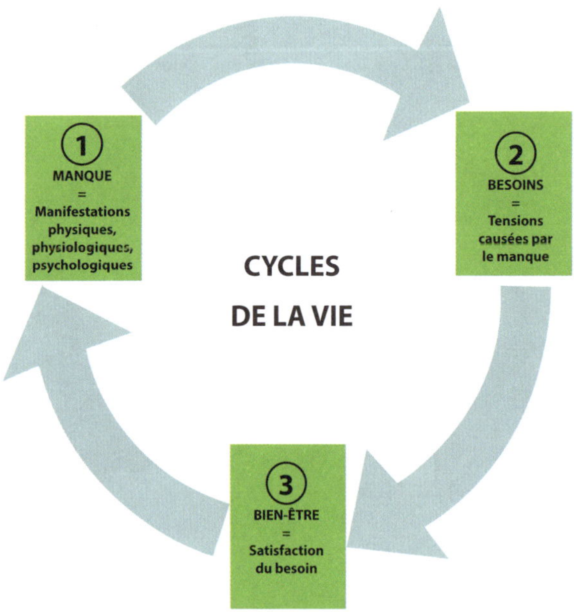

② Pratiques professionnelles de l'AES

Les interventions quotidiennes des AES sont des réponses aux besoins des personnes qu'ils accompagnent. Pour que celles-ci éprouvent de la satisfaction, il faut que le professionnel possède certaines capacités : **OBSERVER-ÉVALUER-IDENTIFIER-TRANSMETTRE**.

L'aide dans la satisfaction des besoins passe par ces compétences professionnelles.

1. **Observer :** la personne dans son environnement habituel, ses gestes, ses mimiques, ses expressions, l'absence ou la présence de tensions dans sa posture, la position de son corps, la couleur de sa peau, écouter ses paroles, le ton, la voix, le débit.
2. **Évaluer :** répertorier les informations recueillies, analyser ce qui est communiqué (verbal/non verbal), sélectionner les informations, proposer, mesurer l'impact de sa proposition.
3. **Identifier :** la pertinence de propositions ou d'actions, l'engagement dans la mise en œuvre des moyens…
4. **Transmettre :** partager les observations, communiquer sur les actions, sélectionner les informations utiles aux interlocuteurs, synthétiser, argumenter…

L'accompagnement professionnel ne peut faire l'économie de ces quatre points.

3 Exemples

Le repas → satisfait le besoin de se nourrir

- **Physiologiquement :** mastiquer, avaler, déglutir ; remplir son estomac, distribuer du carburant à ses organes.
- **Physiquement :** être en position de confort, retrouver de l'énergie…
- **Psychiquement :** s'apaiser ; choisir ses aliments, les personnes avec lesquelles on prend ses repas ; déguster, apprécier, savourer, partager ; respecter les rythmes.

La toilette → satisfait le besoin de se sentir propre

- **Physiologiquement :** débarrasser sa peau des impuretés, des peaux mortes ; mettre sa peau nue ; réveiller son corps.
- **Physiquement :** sentir son corps sous l'effet de l'eau qui coule ; ressentir les points douloureux, soulager les tensions avec de l'eau chaude.
- **Psychiquement :** éprouver les limites de son corps ; soigner son image, se préparer aux regards des autres ; restaurer l'estime de soi, éprouver un sentiment de liberté, ressentir un bien-être ; choisir ses vêtements, s'intégrer ou se démarquer par la tenue choisie.

Fiche

2 Déontologie

① Définition

La déontologie, c'est l'ensemble des **règles** et des **devoirs** qui régissent une profession. Elle recouvre une dimension juridique, une dimension morale et une dimension éthique :

- Les règles sont établies par les lois françaises et leur non-respect est passible de **sanctions** parfois **pénales**.
- Le non-respect des devoirs, d'ordre moral ou éthique, constitue une faute mais n'est pas sanctionné par les instances de l'État.

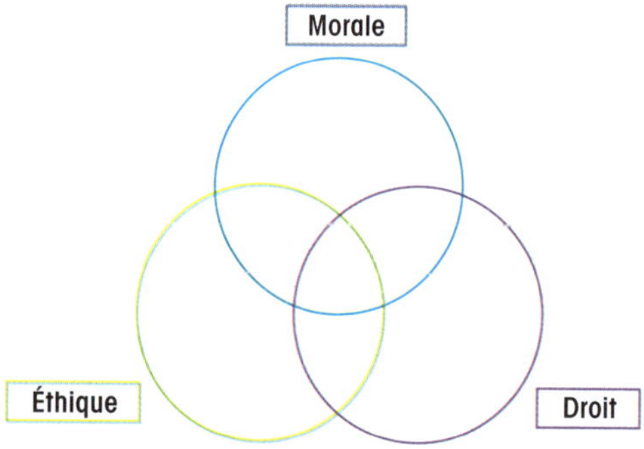

Déontologie

Dans certaines professions, la déontologie est consignée dans un code ou une charte, qui guide l'exercice professionnel. La déontologie médicale du Serment d'Hippocrate que prêtent les médecins est l'exemple le plus connu. Mais la déontologie des sages-femmes, des notaires, des magistrats, des avocats, des journalistes, guide tout autant ces professionnels.

Le 17 mai 2012, le gouvernement a également adopté une charte de déontologie des membres du gouvernement. La question déontologique semble s'étendre à l'ensemble des professions en relations directes ou indirectes avec le public. Il existe un besoin d'inscrire l'éthique dans des textes de références pour éclairer les professionnels.

Le secteur social et médico-social comporte également des codes déontologiques, pour les assistantes sociales par exemple. En revanche, la profession d'AES ne comporte pas pour l'heure de textes uniquement consacrés à la question de la déontologie.

② Exemple

Une AES « emprunte » des bijoux à la personne qu'elle accompagne.

A. Juridiquement

Sur un plan purement légal, en **droit français** cet acte sera qualifié de **vol**. Si la victime porte plainte, l'AES sera jugée et le tribunal évaluera le dommage causé pour prononcer une sanction.

B. Moralement

D'un point de vue **moral**, c'est le comportement qui sera condamnable. L'AES a fait quelque chose de « mal » car elle a dépossédé une **personne vulnérable** d'objets qui lui appartenaient, sans lui demander son avis. Son attitude a été moralement inacceptable. Le profit, l'appât du gain, le bénéfice au détriment d'un être fragile, ne sont pas des motivations morales.

C. Éthiquement

Sur un plan **éthique**, le vol constitue un **abus de confiance**. Cette confiance est celle de la victime, de ses proches, de l'ensemble des professionnels, qui ont tous accepté que l'AES s'occupe d'une personne en croyant qu'elle agirait pour son bien. Une relation ne peut pas être poursuivie après que cette confiance a été brisée. Par ailleurs, et puisque le cadre institutionnel n'a pas été le point d'ancrage de la salariée, cela soulève la question de son respect pour l'autorité et pour autrui. Les valeurs comme l'honnêteté, la bienveillance, l'équité, ne semblent pas être reconnues par l'auteure de ce délit.

③ La déontologie et la Covid-19

Actuellement, le secteur social et médico-social met en œuvre des accompagnements dans des conditions dégradées à un niveau rarement égalé. Pour certains établissements, les priorités sanitaires sont les seules mises en œuvre au regard de la réglementation. Les procédures et les protocoles ont envahi tout le champ des responsabilités avec les différents contrôles qui en découlent. Nous pouvons souligner, dans les établissements, la suppression des visites, l'absence de sorties, de loisirs d'activités diverses pour les personnes accueillies. Les repas sont servis en chambre et les résidents ont été privés des espaces de convivialité. L'application stricte des gestes barrières, le port obligatoire de masques, de blouses, de sur chaussures… ont modifié certaines caractéristiques de la relation à autrui.

Ces actions préventives, au regard de la gravité de la pandémie, sont utiles mais que reste-t-il des actions éducatives ? Des mesures de lutte contre l'isolement ? De La prise en compte de la détresse psychique ? Les professionnels appliquent les règles imposées réglementairement mais leurs convictions et leurs valeurs sont durement mises à l'épreuve. Ils continuent d'exercer en slalomant entre leur morale et la réglementation.

Dans certains établissements, des glissements de fonctions se sont opérés. Ainsi, les AES ont dû entre autres renvoyer des visiteurs, rappeler aux résidents de rester dans leur chambre, interdire toute forme d'échanges et de rencontres… Tâches de surveillance autoritaire, estimées éprouvantes. Ils ont dû également assurer un travail répétitif de ménage et de désinfection, rappeler la nécessité du port du masque, du lavage et de la désinfection des mains, de l'éloignement physique…

Les compétences spécifiques de ces professionnels ne sont pas forcément utilisées, mettant en péril la qualité de la relation qu'ils instaurent avec la personne accompagnée.

La surveillance accrue, les exigences imposées, la distance physique et relationnelle ont des conséquences à la fois immédiates et sur le long terme.

Ce n'est pas l'élargissement des compétences qui pose problème, mais le glissement de fonction pouvant entraîner des dysfonctionnements institutionnels. Les repères déontologiques entre droits, devoirs et valeurs ne sont plus en harmonie dans ce contexte.

Nous rappelons que les actions des professionnels sont réglementées par les fiches de poste, par exemple. Ces documents identifient, limitent et organisent l'activité des différents professionnels, le fonctionnement institutionnel en dépend. Lorsqu'il y a modification des tâches attendues, la convention entre les parties est en dehors des limites fixées par le contrat travail. À ces glissements s'ajoutent les heures supplémentaires, l'état de fatigue, la gravité d'une responsabilité collective face à la peur de transmettre le virus, les peurs individuelles face au risque de contagion, le sentiment de non-reconnaissance…

Fiche 3

Dynamique de groupe

① Définition

Étymologiquement, le terme « dynamique » vient du grec ancien *dynamikos* signifiant « puissant », « efficace ». En 1940, Kurt Lewin, psychologue américain, donnera à la dynamique le sens suivant : « ensemble de forces en interaction et en opposition ».

La notion de groupe se définit par plusieurs figures formant un ensemble. Le groupe présente différentes caractéristiques. Il est composé de trois personnes dans sa forme la plus restreinte.

En psychologie sociale

Kurt Lewin utilise l'expression « dynamique de groupe » en 1944. Selon lui, le groupe est une organisation d'individus en relation les uns avec les autres dans un environnement donné, pensé comme un système. Chaque action individuelle naît d'interactions avec un environnement, ce qui explique que certains individus ont un comportement dans un groupe qu'on ne retrouve pas lorsqu'ils sont seuls.

Un groupe est fédéré par des règles, des valeurs, un objectif communs. Tous ses membres partagent les mêmes objectifs et les obligations et les responsabilités de chacun sont dictées par ces points communs.

② Les différents rôles au sein d'un groupe

Un groupe → plusieurs rôles

- Le leader
- Le bouc émissaire
- Le séducteur
- L'anti-conflictuel
- Le leader caché

- **Le leader**

Il peut être autoproclamé ou avoir été élu, consciemment ou non, par son groupe. Son autorité dépendra de sa légitimité et de sa crédibilité aux yeux des autres. Il peut arriver que le leader se place en position basse, si le groupe est composé de professionnels faisant preuve de compétence et de justesse dans leurs actions et leurs propos. Dans ce cas, il laissera les choses se produire et veillera à ce que le groupe s'organise lui-même. Le leader contribue à la vie du groupe, il participe à la création de la dynamique. Il peut arriver qu'il mette en relation des personnalités complémentaires.

- **Le bouc émissaire**

C'est la personne choisie implicitement pour endosser une responsabilité ou une faute pour laquelle elle est totalement ou partiellement innocente. Le choix d'un bouc émissaire peut émaner de motivations multiples, délibérées ou inconscientes, et s'arrête généralement sur une personne jugée différente ou antipathique. Le bouc émissaire endosse à la place du groupe le sentiment de culpabilité et lui permet de se libérer d'une jalousie, d'une frustration, d'une peur ou d'un sentiment de perte de contrôle. Ce n'est pas sans conséquences pour lui.

- **Le séducteur**

Il cherche une relation privilégiée avec le leader, il se place souvent à côté de lui et lui témoigne de la reconnaissance. Il est flatteur, recherche une alliance, voire l'exclusivité de la relation. Le séducteur doit être canalisé car il risque de prendre trop de place au détriment d'autres membres du groupe. Ses attitudes enjôleuses peuvent hypnotiser le leader et parasiter la dynamique de l'ensemble.

- **L'anti-conflictuel**

Il n'aime pas les tensions et la confrontation. Il prévient tous les conflits potentiels du groupe, en interne ou en externe. Il prend en charge une partie du travail de l'animateur, aime se placer au centre pour gérer lui-même le groupe. Il apaise les émotions et facilite la prise d'une décision acceptée par tous. Cependant, il peut empêcher les débats et les discussions en chassant les divergences d'opinions, les contradictions et les confrontations qui font partie intégrante des apprentissages. L'anti-conflictuel peut être un frein aux acquisitions dans le groupe.

- **Le leader caché**

C'est le leader non déclaré du groupe, il agit caché. Il se fait discret et observe attentivement, acquiert une vision d'ensemble. C'est celui que les autres regardent avant de parler. Il dispose souvent d'une bonne compétence relationnelle dans le groupe.

→ D'autres rôles sont évoqués dans les textes théorisant la dynamique de groupe en psychologie sociale. C'est le cas du **clown**, qui incarne le besoin de rire refoulé par le groupe, ou du **leader négatif**. C'est le « grincheux » du groupe, celui qui par principe s'oppose à toutes les décisions, à toutes les propositions. Alors que le leader assume le besoin de direction, d'orientation des membres du groupe en demande de sens, le leader négatif bloque le mouvement par ses remises en question constantes.

Les rôles et les places de chacun font le bon fonctionnement d'un groupe, sa compétence et ses réussites. La dynamique dépend de la manière dont le groupe fonctionne, de la façon dont il s'adapte aux différentes situations, de l'énergie des échanges, de la qualité des relations… La survie du groupe résulte de la cohésion entre ses membres.

③ L'évaluation de la dynamique de groupe

La dynamique d'un groupe est observable, on peut évaluer son travail. Voici six points qui peuvent être évalués.

1. La production du groupe

2. L'ambiance, le climat

3. L'implication, l'expression

4. L'organisation du groupe

5. La réalisation du travail individuel

6. La qualité des échanges

Fiche 4

Éthique

① Définition

L'éthique est un positionnement personnel face à une situation, un acte, une parole nécessitant un choix par rapport à soi-même ou à autrui. Elle fait appel à une certaine conception de la dignité humaine, qui permet de se prononcer en fonction de valeurs, même si celles-ci ne sont pas partagées ou se trouvent en contradiction avec des coutumes, des usages ou des règlements. L'éthique est le résultat d'un débat intérieur avec soi-même.

L'éthique : un encadrement clair

=

Cadre institutionnel

+

Environnement social et médico-social

+

Lois internationales,
européennes, nationales

+

Champ de l'aide à la personne

+

Orientations politiques

② Exemples

Les valeurs éthiques facilitent les prises de décision, elles aident à poser un cadre le « plus juste possible ». Le rapport de l'ANESM sur l'éthique note en page 21 : « La réflexion éthique vise à faciliter les prises de décision justes dans une situation donnée à un moment donné. Les situations problématiques au plan éthique se situent dans les zones d'incertitudes juridiques réglementaires, ou bien dans les logiques de valeurs contradictoires… » Si nous reprenons une définition simplifiée de l'éthique, l'ANESM synthétise ainsi : « L'éthique est une réflexion qui vise à déterminer le bien agir en tenant compte des contraintes relatives à des situations définies. » Il est donc nécessaire de poser les valeurs éthiques afin de clarifier le fonctionnement des professionnels évoluant dans ces contextes nouveaux et inattendus.

Quelles décisions prendre ? Quels projets soutenir et jusqu'où ? Comment prendre en compte les peurs, les réticences, les contradictions ? C'est, le plus souvent, dans la réflexion soutenue et permanente des professionnels et le respect des différences au sein d'un collectif que les projets et les actions à mettre en œuvre retrouveront du sens et de la légitimité. Le respect de ces valeurs illustre la notion d'éthique.

Voici des situations illustrant les contradictions et les conflits de valeurs venant donc interroger l'éthique.

A. L'autonomie des adultes en situation de handicap

Annie et Salim, tous deux âgé de 28 ans, vivent en couple dans un appartement loué par une association loi 1901 à but non lucratif. Plusieurs établissements offrent l'accueil, l'hébergement et l'aide à des adultes en situation de handicap mental sans troubles associés. L'accompagnement de ce couple est confié à une équipe éducative rattachée au SAMSAH. Ces deux adultes vivent ensemble depuis un peu plus de deux ans. Ils ont toutes les capacités requises pour faire le choix de vivre en appartement et travailler dans un ESAT. Ils s'y rendent chaque jour, en empruntant les transports en commun.

Annie a décidé de ne plus utiliser de contraception, soutenue par le désir de son conjoint de devenir père. Ils ont fait part de leur projet parental et de leur décision à l'équipe éducative. Cependant, le couple est confronté à la grande réticence de la mère d'Annie. La jeune femme a exprimé sa souffrance à sa référente AES sensible à la douleur d'Annie et de son compagnon. L'équipe éducative se voit accusée par la mère d'irresponsabilité et d'absence de réalisme. Un conflit s'est installé, rendant la communication difficile.

Cette situation illustre la problématique de la sexualité et de la parentalité chez des personnes en situation de handicap. Le principe de l'égalité des droits pour tous, y compris celui de transmettre la vie, est alors questionné.

La prise en compte des désirs et des projets des personnes handicapées, leurs souhaits d'émancipation et leur accompagnement vers plus d'autonomie et de responsabilités sont autant de valeurs de référence pour une équipe éducative. Cependant, d'autres valeurs peuvent surgir comme celle de la préservation du lien familial, la question du bien-être de l'enfant à venir et des risques encourus, le sens et la légitimité des projets des personnes en situation de handicap, la protection de la vulnérabilité…

Ces valeurs, parfois antinomiques, peuvent entrer en conflit, induire ou renforcer des scissions dans les équipes et/ou entre celles-ci et les familles, ou encore créer un conflit interne.

B. Le questionnement éthique et la Covid-19

L'AES, dans sa pratique quotidienne, a pour objectif le développement et le maintien de l'autonomie des personnes accompagnées tout en tenant compte de la dépendance de chacune.

Cette période de pandémie brouille les pistes, trouble les relations humaines, crée des tensions. L'exercice professionnel des accompagnants se concentre désormais sur la prévention maximale de la propagation du virus. Cette situation d'urgence sanitaire a fait voler en éclats le travail mis en œuvre jusqu'alors. Comment organiser au mieux le travail éducatif et social dans un tel contexte de risque sanitaire ?

Voici quelques exemples de questionnement éthique illustrant des situations professionnelles dans ce contexte de crise sanitaire :

- Une personne vivant en EHPAD ne souhaite pas être vaccinée contre la COVID 19. Elle estime ne pas être suffisamment informée sur les risques encourus et vit la vaccination comme intrusive et violente. A contrario, la famille insiste pour que cette personne soit vaccinée en lui dissimulant la nature de l'acte.
- Une résidente de foyer de vie propose bénévolement son aide à une association de soins pour animaux. Elle se rend quotidiennement dans ce lieu avec beaucoup d'intérêt et de dynamisme. C'est même sa seule sortie quotidienne. Or, cette activité vient de lui être interdite au regard des mesures restrictives liées à la pandémie. L'équipe du foyer de vie se voit dans l'obligation de faire respecter cette réglementation tout en ayant conscience du retentissement sur cette personne vulnérable se sentant privée de sa liberté d'agir.
- Un adolescent atteint de polyhandicap présente une santé fragile. Il est interne dans un EEAP. Ce jeune homme ne peut se rendre souvent dans sa famille, car les conditions ne sont pas réunies pour qu'il puisse y séjourner plus d'un week-end. Actuellement, le jeune adolescent se voit contraint de vivre dans sa chambre à l'internat sans aucune activité collective afin de le préserver sa

santé et de prévenir le risque de contamination trop importante. Les professionnels de l'équipe, dont l'AES référente, ont habituellement pour objectif d'aider aux apprentissages sociaux, au respect des règles de collectivité, à l'éveil des sens et au développement de toutes les capacités cognitives et motrices… Toutes ces actions éducatives visent également à rompre l'isolement des personnes polyhandicapées dont les capacités d'expression de communication sont parfois limitées. L'isolement des résidents dans leur chambre a pour objectif prioritaire la préservation de leur santé physique, et cela vient en contradiction avec leur bien-être psychique. La mise en œuvre des projets personnalisés visant l'épanouissement de ces enfants et de ces adolescents s'est brutalement interrompue. Isolés et démunis, ils ne sont pas toujours à même de comprendre les raisons d'un tel changement de vie…

- Une équipe d'accompagnants dans une maison d'accueil spécialisée se pose la question éthique de la stigmatisation des personnes « cas contact » et/ou des personnes atteintes par le virus. Certains de ces professionnels expriment leurs difficultés dans l'aide quotidienne apportée aux résidents face aux risques encourus pour eux-mêmes et leur famille. Les « gestes barrières » obligatoires (port du masque, des gants, distance physique, isolement en chambre…) accentuent le sentiment de rejet éprouvé par les résidents. Les professionnels ressentent souvent un sentiment d'impuissance, d'inutilité, de perte de sens de leur pratique.
- Il arrive parfois que des familles et des proches de personnes vivant en établissement ou à leur domicile demandent aux professionnels de dissimuler des informations, invoquant le désir de préserver leur bien-être dans cette période difficile. Ainsi la maladie, l'hospitalisation voire le décès d'un proche sont gardés secrets. C'est vrai également pour d'autres événements familiaux faisant intimement partie de la vie de la personne. La dissimulation d'information, les mensonges, les secrets… sont des problèmes éthiques. Il est certes fondamental de préserver le bien-être de personnes vulnérables, mais le maintien du lien de confiance avec celles-ci est tout aussi important pour continuer le travail d'accompagnement. Par ailleurs, la désinformation et le poids des secrets, isolent la personne et créent souvent plus de dommages que la confrontation aux réalités d'une histoire familiale appartenant à chacun.

Dans ces cinq exemples, nous pouvons voir comment les conflits de valeurs viennent le plus souvent questionner l'éthique.

Fiche

5 Gestion de conflits dans les groupes

① Définition

On peut définir le conflit comme une lutte, une opposition, un antagonisme entre deux parties. Il existe différentes sources de conflits :

- ✓ Le pouvoir
- ✓ Les valeurs (l'injustice, la malhonnêteté…)
- ✓ Les intérêts, les gains
- ✓ Les malentendus
- ✓ Les pulsions, impulsions
- ✓ Les incompatibilités
- ✓ La mauvaise communication
- ✓ Le manque de formation/de professionnalisme

La gestion du conflit passe par la posture du médiateur, qui recherche le **consensus entre les parties**. Il peut proposer une réunion au cours de laquelle chacune exposera son point de vue afin de trouver un terrain d'entente.

1re approche : la médiation participative

La construction d'un accord entre les deux parties en conflit est encadrée par une tierce personne, qui joue le rôle de médiateur. Le conflit est pris en compte et l'intérêt de le résoudre est clair pour les trois protagonistes.

2e approche : l'évitement du conflit

Il s'agit de gérer les tensions afin d'éviter le conflit. Le groupe est une source de malentendus qui peuvent être causés par :

1. **La dimension cognitive**. L'intellectualisation des sujets abordés met en opposition des groupes de personnes, avec un jeu de majorité et de minorité, qui défendent des thèses différentes. Des arguments et contre-arguments pour convaincre les autres parties fusent, et le médiateur prendra soin de reformuler les propos, de faire respecter la parole et les idées de chacun. Il répétera les consignes présentées au groupe au début des échanges afin

de modérer les débats. L'animateur, qui jouera ce rôle de médiateur, restera très attentif au premier signe de tension et interviendra de manière adaptée.

2. **La dimension interpersonnelle**. Les émotions, les sentiments, interviennent dans la relation qui s'instaure entre les individus lors d'un débat ou d'un travail en commun. L'animateur du groupe restera attentif aux sensibilités, aux blessures ou aux convictions de chacun. Il n'hésitera pas à faire des pauses et à repréciser les règles de fonctionnement.

② La responsabilité de l'animateur

La responsabilité de la dynamique de groupe revient à celui qui l'anime. Le déroulement des échanges dans un groupe impose la présence d'une personne organisatrice, animatrice, présidente.

L'animateur, dans un premier temps, expose clairement :
- le contenu, le sujet de la discussion ;
- le plan de travail, l'organisation des tâches à accomplir ;
- l'objectif, afin de fédérer les individus vers un même but ;
- les règles de fonctionnement (horaires, respect des autres, conditions de prises de paroles, respect des lieux, etc.).

L'animateur est le garant du travail accompli par le groupe.

✓ Il tient le rythme.

✓ Il fait respecter les règles.

✓ Il rappelle l'objectif s'il y a lieu.

✓ Il relève les avancées du groupe.

✓ Il fait le point par rapport à l'objectif énoncé.

✓ Il rend compte de ce qui a été fait.

✓ Il annonce ce qui reste à réaliser pour les prochaines fois.

✓ Il remercie les participants et les invite à la prochaine rencontre.

Fiche 6

Notion d'apprentissage

① Définition

Apprendre, c'est d'abord une posture, un état d'esprit. Apprendre, c'est ensuite des capacités physiques et intellectuelles. Apprendre, c'est enfin une action possible grâce à des méthodes adaptées.

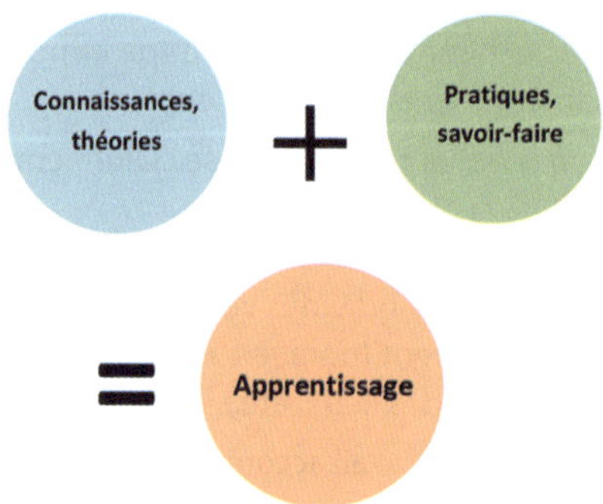

Lorsque l'objectif est l'apprentissage, la question des moyens s'impose.

② Comment apprendre ?

A. Différentes méthodes d'apprentissage

Visuelle	Auditive	Kinesthésique
Certaines personnes ont besoin de dessiner, écrire, faire des schémas pour comprendre et apprendre.	D'autres personnes ont une mémoire basée sur le rythme, la chanson, le son, les tonalités… Elles retiennent en récitant, par exemple, les poésies.	D'autres encore apprennent par le mouvement, le toucher, l'activité physique. Ces personnes doivent « faire » pour apprendre. Marcher, bouger en lisant ou rester debout pour écrire, leur permet de retenir une leçon.

Chaque individu a sa propre technique d'apprentissage. Chacun doit trouver le profil qui lui correspond le mieux, qui facilite sa compréhension et sa mémorisation : visuel, auditif ou kinesthésique.

Lorsque nous évoquons les différentes manières d'apprendre, nous prenons en compte le « fonctionnement » de chacun, ce qui renvoie à la notion de pédagogie.

B. La pédagogie

Le mot pédagogie vient du grec *paidagôgos* signifiant « conducteur d'enfant ». Dans la Grèce antique, le pédagogue était la personne qui conduisait les enfants à l'école, vers le « temple » des apprentissages. La pédagogie peut se définir par la mise en place de méthodes et de pratiques d'enseignement. La pédagogie est l'art de transmettre, d'éduquer, d'enseigner par le choix d'une méthode adaptée.

Voici quelques noms de pédagogues importants qui ont modélisé des méthodes éducatives :

- **Célestin Freinet** est un instituteur et pédagogue français du XXe siècle, à l'origine de plusieurs techniques éducatives fondées sur **l'expression libre** des enfants. Aujourd'hui la pédagogie Freinet se perpétue avec de nombreux enseignants du mouvement de l'école moderne, s'appuyant sur les techniques pédagogiques de Célestin et de sa femme Élise.
- **Maria Montessori**, d'abord médecin, est une pédagogue italienne, militante pour les droits de l'enfant, à l'origine de la méthode d'éducation portant son nom créée en 1907. La pédagogie Montessori est basée sur **l'éducation kinesthésique** de l'enfant. De nombreuses écoles développent encore aujourd'hui sa pédagogie.
- **Jean-Ovide Decroly** est un médecin, psychologue, et pédagogue belge. Il a développé une pédagogie basée sur l'observation et l'approche de l'enfant dans sa globalité et a fortement lutté pour la mise en place d'une **méthode globale d'apprentissage** de la lecture et de l'écriture.
- **John Dewey** est un psychologue et philosophe américain de la première moitié du XXe siècle, auteur de nombreux écrits sur la pédagogie. Sa théorie éducative, que l'on peut nommer « **pédagogie de l'expérience** », a pour but d'offrir aux élèves les moyens de participer à la vie publique et sociale.
- **Louis Legrand** est un pédagogue français du XXe siècle, devenu directeur de recherche à l'Institut pédagogique en 1966 et qui a milité pour la

différenciation pédagogique. Il estime qu'un modèle unique d'enseignement ne peut pas convenir à des élèves tous différents.

Les choix de méthodes pédagogiques sont importants puisqu'ils conditionnent les apprentissages. Les évaluations, qui se distinguent des contrôles ou vérifications, sont des moyens de déterminer si la pédagogie utilisée a permis un bon apprentissage.

C. L'évaluation

L'évaluation permet de rendre compte des connaissances ou compétences acquises au cours de l'apprentissage.

Très souvent les termes utilisés lors des évaluations sont :
- Acquis
- En cours d'acquisition
- Non acquis

Ces trois valeurs donnent une indication sur le niveau d'acquisition et de maîtrise des apprentissages. **Elles ne constituent pas des sanctions**, ni des jugements de valeur.

L'évaluation dans l'accompagnement des personnes en situation de handicap ou en situation de dépendance est un outil permettant de mesurer les progrès et de déterminer les enseignements à venir. Elle se distingue de l'outil de contrôle, de la note, du jugement, de la sanction… L'évaluation est et doit rester un **outil d'évolution** pour les personnes.

Fiche 7

Notions d'autonomie et de dépendance

① Définition

L'autonomie est la capacité d'une personne à vivre selon ses propres règles.

Être Autonome
=
• être responsable, avoir son libre arbitre ;
• être un citoyen ;
• faire ses propres choix ;
• assumer ses choix.

Nous emprunterons à Marcel Nuss, essayiste français lourdement handicapé, quelques-unes de ses idées (*La présence à l'autre*). Il écrit à propos du concept d'autonomie qu'il « implique une responsabilité citoyenne… »

La base de sa réflexion est inspirée du philosophe Emmanuel Kant qui écrit : « Agis de telle sorte que tu traites l'humanité aussi bien dans ta personne que dans la personne de tout autre, toujours comme une fin et jamais simplement comme un moyen ».

Autrement dit, il s'agit d'envisager le respect comme un devoir, et celui que l'on doit à autrui commence par le respect de soi. Nous devons considérer l'autre comme nous-même.

② Pratiques professionnelles de l'AES

Accorder la responsabilité de ses actes à une personne en situation de handicap, c'est lui reconnaître les mêmes droits et les mêmes devoirs que tout autre citoyen. Cette personne sera considérée comme autonome car elle sera reconnue responsable de ses actes.

C'est aussi admettre qu'une personne en situation de handicap n'est pas un individu irresponsable, en partie seulement responsable et/ou en partie seulement autonome…

Qu'est-ce qu'un individu en partie seulement autonome ? Qu'est-ce qu'un individu en partie seulement responsable ?

Une personne en situation de handicap est tout simplement différente, singulière, c'est une personne « autrement capable ».

Marcel Nuss nous dit : « (…) j'ai des carences motricielles, des déficiences physiques, mais je ne suis pas handicapé, je suis autre. Et je revendique cet "autre". Pourquoi et que suis-je ? J'ai besoin d'autrui, mais je ne suis pas dépendant d'autrui. La nuance est primordiale… ».

L'accompagnant ne sera pas dans la maîtrise, ni dans la toute-puissance, le pouvoir de décision est donné à celui qui doit décider de sa vie. L'AES est un collaborateur, un artisan du service à autrui, il viendra seconder la personne.

Le positionnement professionnel est fondamentalement différent lorsque la pensée est liée aux impossibilités. Les représentations sont entravées, autrui ne pouvant plus être considéré comme acteur de sa vie. La dépendance : **c'est le rapport qui fait qu'une chose dépend de l'autre.**

Donc la dépendance :
– c'est l'empêchement de faire ses propres choix ;
– c'est l'impossibilité de la prise de décisions ;
– c'est la perte, l'entrave, le manque, la frustration ;
– c'est l'absence de libre arbitre, l'impossible liberté ;
– c'est l'incapacité à se mouvoir librement ;
– c'est être inévitablement nu devant l'autre ;
– c'est la pénurie des désirs satisfaits, l'insuffisance des plaisirs…

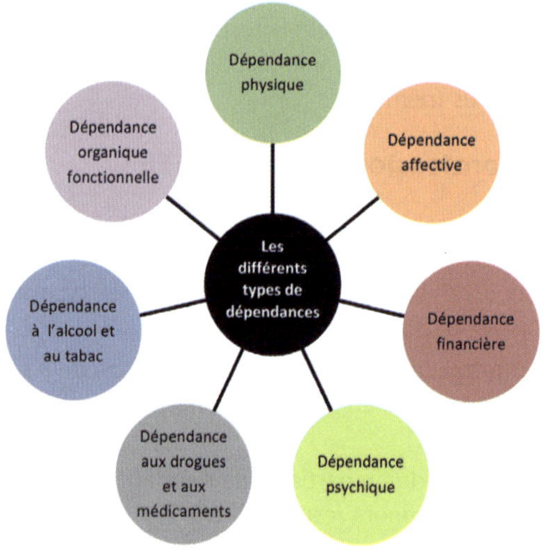

Fiche 8

Notion de communication

1 Brainstorming sur la communication

Les mots que l'on retrouve le plus fréquemment dans les brainstormings au sujet de la communication sont : communication verbale/orale/non verbale ; transmettre ; échanger ; partager ; langage adapté/gestuel.

L'adaptation du langage pour parvenir à communiquer avec une personne en situation de handicap est un des fondements du travail d'accompagnement.

L'adaptation au mode de communication et la mise en œuvre de moyens aidant à communiquer permettent d'évaluer les besoins des personnes afin de les satisfaire.

2 La communication non verbale

A. Définition

La communication non verbale implique les comportements, les gestes, les postures, le langage corporel, les mimiques, les regards, les distances proximales, les vêtements, l'apparence esthétique, les odeurs. Mais également la situation et l'environnement, qui permettent de contextualiser un message et participent à sa clarté.

Cette communication non verbale émet **80 % du message transmis et les 20 % restant se divisent** ainsi :
- 13 % pour les tonalités et l'intonation de la voix, l'accent ;
- 7 % pour les mots.

Ces chiffres révèlent clairement l'importance de la communication non verbale.

Il est aussi important d'insister sur l'aspect universel de la communication non verbale. Paul Ekman, psychologue américain, définit en 1972 six expressions universelles pouvant être décodées par tous les êtres humains : la joie ; la peur ; la surprise ; la tristesse ; la colère ; le dégoût.

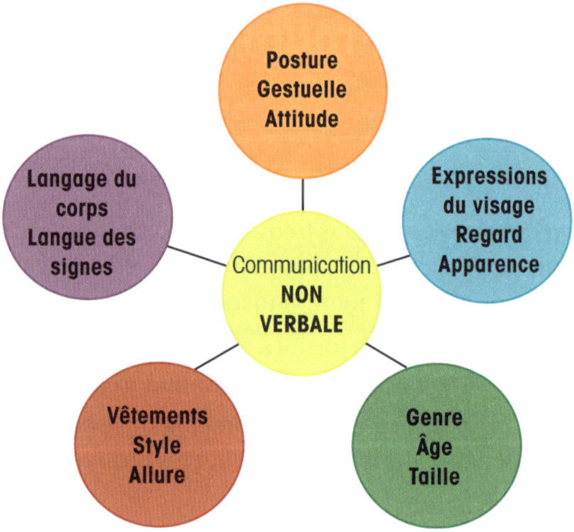

B. La communication non verbale au service de la publicité

La notion de communication non verbale passionne aussi bien des chercheurs que les professionnels, et notamment les commerciaux. Les techniques de vente s'appuient sur notre réceptivité aux messages non verbaux.

Un message est reçu à 80 % par la communication non verbale. Pour cette raison les images, couleurs, formats, ambiances, musiques, personnages affichant leurs émotions sont utilisés dans les messages publicitaires. Les mots (ou plutôt le slogan, bref et marquant) ne sont là que pour soutenir l'image.

C. La communication non verbale dans la pratique de l'AES

Au quotidien, il est toujours mieux d'accompagner les personnes avec peu de paroles. Elles seront soutenues par des gestes, des images, des expressions, des postures, des grimaces, des actes, qui facilitent la communication et permettent d'établir un contact. Le regard est un allié dans la communication non verbale.

La prise de parole est rare car le travail de l'accompagnant est toujours plus pertinent dans une posture d'écoute. La voix doit être modulée, douce, agréable, les silences doivent être respectés. Si vous êtes lancé dans un monologue, vous raterez d'importants créneaux.

③ La communication verbale

L'utilisation des mots pour s'exprimer est une pratique culturelle.

Le mot a un réel pouvoir, car il conditionne la réflexion, il permet d'exprimer une pensée qui sans lui reste floue. Il influence fortement ses utilisateurs et ceux qui l'entendent. Nous accordons une telle importance aux mots qu'il nous est difficile de croire à la puissance de la communication non verbale, pourtant les chiffres prouvent que les gestes, les images, les expressions, sont bien plus efficaces pour communiquer. Mieux que cela, ils modifient le sens des mots.

Ci-dessous, une liste non exhaustive de genres et outils utilisant la communication verbale. Cela permet de prendre conscience de **la masse de mots et de textes** que nous rencontrons tous les jours.

④ Les gestes barrières et la communication

A. L'impact sur la communication

La mise à distance physique de toutes personnes avec lesquelles nous sommes en présence et l'utilisation des masques de protection ont un impact important sur la qualité du son et plus largement sur la communication. Le masque parasite les transmissions émises, les auditeurs doivent fournir des efforts supplémentaires, car les conditions d'échanges sont inhabituelles. Il est encore plus difficile de communiquer avec les personnes ayant une perte auditive. Engager un dialogue peut devenir un réel défi. De plus, les masques couvrant la bouche suppriment tout indice visuel de parole. L'impact sur les propriétés acoustiques est majoré par l'absence de lecture labiale, et le défaut d'interprétation des expressions du visage.

Ces indices visuels sont utiles à tous, mais plus particulièrement aux personnes malentendantes. Les mouvements des lèvres fournissent à l'interlocuteur des repères utiles à la perception des mots et des sons. De plus, la distance physique conseillée diminue également l'intensité du signal vocal, déjà réduit, reçu par l'auditeur.

B. Communiquer avec un masque

Voici quelques conseils pour communiquer dans ces conditions :

- Faire face à la personne en lui parlant.

- Préférer un écran facial transparent afin de permettre les indices labiaux et faciaux.
- Parler lentement et clairement.
- Reformuler plutôt que de répéter ce qui n'a pas été compris.
- Réduire le plus possible tous les bruits ambiants.
- Prévoir des informations écrites afin de limiter les erreurs de communication.
- S'adresser à son audioprothésiste.

C. Autres aspects pouvant être utiles

La communication non verbale est très complémentaire à la communication verbale. La présence d'un masque sur un visage empêche pour partie le décodage du message envoyé. Les personnes communiquant doivent redoubler d'efforts pour détecter, lire, traduire, les indices aidant à la compréhension des messages émis. De nombreuses émotions sont lisibles sur les visages, elles informent et étayent largement les mots énoncés. L'attitude, les mimiques donnent du sens et contextualisent les messages. Comment dès lors faciliter la communication ?

Par exemple, les jeunes enfants sont très sensibles aux expressions du visage, elles sont au cœur des interactions enfants-adultes. Un bébé, à certaines périodes de son développement, peut présenter des réactions de peur face au visage inconnu. Le port du masque risque de rendre non identifiables et similaires tous les visages, ce qui sera sans doute dommageable dans la relation entre le tout-petit et l'adulte de référence.

Par ailleurs, ces adaptations, ces efforts pour comprendre autrui, ou se faire comprendre des autres relèvent de capacités et d'aptitudes auxquelles certaines personnes n'ont pas accès – par exemple, les personnes présentant des troubles de la relation comme les personnes atteintes d'autisme ou de polyhandicap. Il est donc important de trouver des solutions afin de préserver les liens, de créer des échanges à partir des ressources de chacun.

À noter également quelques conseils pour faciliter la communication avec ses interlocuteurs, adultes ou enfants lorsqu'on porte un masque :

- Créer un contact visuel direct. Cela permet d'attirer et de focaliser l'attention de la personne sur l'interlocuteur.
- Utiliser ses sourcils. Ils peuvent être très expressifs et on peut forcer le trait afin de rendre leurs expressions plus évidentes à comprendre.
- Utiliser le langage corporel en accompagnant son propos de gestes expressifs.

- Utiliser le langage des signes lorsque celui-ci est pratiqué par l'interlocuteur.
- Parler plus fort car le masque atténue les sons.
- Utiliser des aides visuelles, en utilisant des aides portatives de préférence.

Des initiatives ont vu le jour afin de pallier le déficit d'expression faciale induite par le masque :

- L'initiative du réseau SACCADE donne des clés pour expliquer le port du masque à des personnes touchées par l'autisme.
- On peut également citer le livre *Les Yeux qui parlent* de Manon Berthod, proposé pour le moment gratuitement sous forme numérique : www.bloghoptoys.faciliter-la-communication.

Fiche 9

Notion d'intimité

① Définition

L'**intimité** peut se définir par le caractère intime d'une personne, sa vie intérieure et personnelle. L'intimité n'est pas réductible à la nudité et la pudeur mais est liée à de nombreux autres éléments.

② Pratiques professionnelles de l'AES

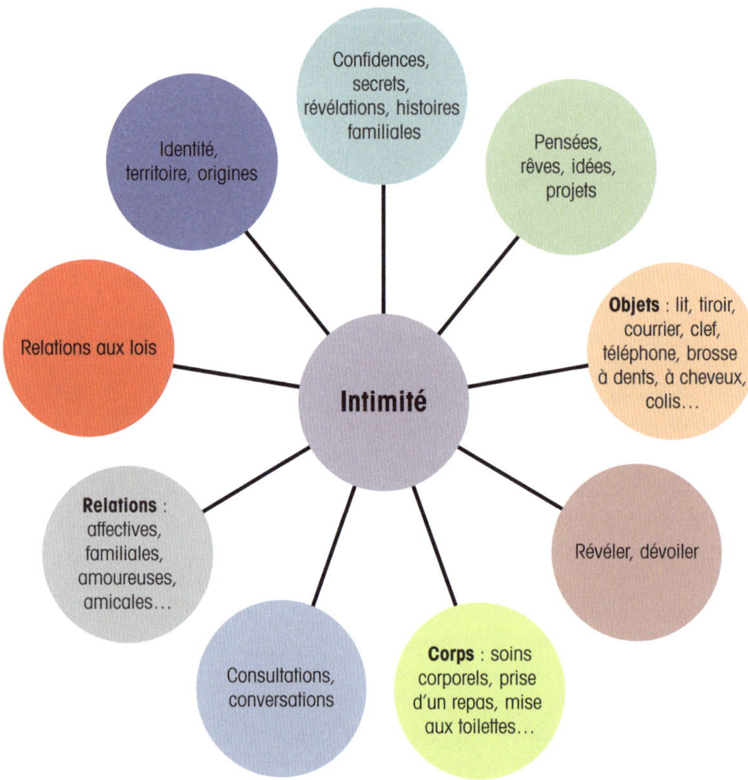

Il est plus facile de préserver sa propre intimité que celle d'autrui !

A. Sa propre intimité et celles des autres

Il y a en chacun de nous l'intimité des convictions, des croyances. Quelle place leur donnons-nous dans notre posture professionnelle, sans influencer les personnes accompagnées ? Comment accompagner les personnes dans leur rapport au corps sans les envahir de nos complexes, appréhensions, craintes… ?

Comment respecter l'intimité des personnes accompagnées lorsqu'elles refusent l'aide et l'accompagnement qui leur sont proposés ? L'intimité de la personne se termine-t-elle en l'absence physique de la personne concernée ?

B. Le respect de l'intimité d'une personne pose la question du partage des informations avec l'équipe

Par exemple : la personne accompagnée confie en toute discrétion un problème à l'AES, c'est un secret à ne pas divulguer… Ce même professionnel aidera la personne à résoudre son problème, mais « le secret » va-t-il être communiqué aux autres professionnels ? Si oui, l'AES respecte-t-il l'intimité de la personne ? Si non, respecte-t-il les professionnels ? Taire ce secret met-il la personne en danger ?

C. Le respect de l'intimité consiste à respecter les choix de vie de la personne.

Par exemple : une personne ayant besoin d'un accompagnement lors des repas souhaite manger des aliments n'étant pas autorisés par son régime alimentaire. Si l'AES refuse de donner les aliments réclamés, il soustrait à la personne son pouvoir de décision. Dans ce cas, peut-on parler de respect de l'intimité de la personne ? Mais s'il accepte, manque-t-il à ses devoirs ?

D. L'aide apportée aux personnes dans des situations quotidiennes

Cette aide quotidienne place l'AES dans une banalisation des actes, des paroles, des gestes.

Exemples :

- L'AES est souvent amené à s'asseoir à la table d'une personne qui prend son repas. S'asseoir en face de quelqu'un en train de manger est une entrée dans l'intimité ! À quelle table nous permettons-nous de nous asseoir dans notre vie privée ? La banalisation de cet acte ne montre plus l'évidence de l'intimité à partager la table d'une personne.

- L'AES, lors de l'accompagnement à la lecture demande à l'enfant de lire à voix haute pour contrôler l'apprentissage de ce dernier. La lecture, n'est-ce pas un acte intime ? N'avons-nous jamais éprouvé de la gêne à lire à haute voix ?
- Lorsque l'AES prend place sur le lit d'une personne lors de l'accompagnement au coucher, elle partage là un territoire très intime. Sur quel lit nous asseyons-nous dans notre vie privée ?

Ces trois situations sont des actions d'aide quotidiennes dans l'activité professionnelle des AES. Cependant, si l'on prend le temps de réfléchir, on comprendra combien ces actions n'ont rien de banal. Dans l'accompagnement des personnes, tout est intime ! Accompagner une personne c'est se trouver dans l'intimité de celle-ci.

③ Une notion à sans cesse actualiser

La notion d'intimité est à repenser tous les jours et par chacun car la répétition des actions de l'AES banalise l'accompagnement.

Par exemple : la surveillance du poids de toutes les personnes accompagnées est un acte médical. Cependant n'est-il pas réalisé dans des conditions de « pesée » trop banalisées ? La connaissance du poids des personnes est une information à partager, mais dans quelles conditions ? Les conditions de réalisation de cet acte peuvent être totalement irrespectueuses de l'intimité des personnes. **Dans notre société le poids est le révélateur de la « norme »**, alors annoncer à une personne qu'elle n'entre pas dans la norme peut être très violent et cela relève du non-respect de l'intimité.

On pourrait aussi parler de l'intimité des habitudes, l'intimité des choix, des croyances, l'intimité des projets, des désirs, l'intimité d'un territoire, l'intimité d'une vie sexuelle, d'une vie privée, l'intimité des relations à autrui…

Que faites-vous pour préserver l'intimité des personnes que vous aidez ?

La question de l'intimité est trop souvent résumée à la nudité et/ou à la sexualité. Pourtant l'ensemble de ces exemples vous indiquent combien tous les actes, toutes les paroles, toutes les situations sont des sujets intimes. Si nous admettons que tout est intime nous comprenons combien l'aide et l'accompagnement des personnes en situation de dépendance ne sont qu'intimité !

Fiche 10

Notions de projet et projet personnalisé

① Définition de projet

Le projet est une vision anticipée de ce que l'on compte faire. Il recouvre notamment **l'intention**, et donc **la programmation**.

La conception du projet émerge de la complexification des situations, de la globalisation des réponses et de la rationalisation des moyens. Étymologiquement, « pro » signifie « en avant » ou « au loin ». On le retrouve dans « promouvoir », qui renvoie à « mettre en avant ». Et « jeter » est un verbe qui dans son sens premier signifie : « dresser un état, rédiger un premier relevé ». Ce verbe exprime ici le fait d'arrêter, de décider à l'avance. Le projet permet de **décrire à l'avance les différentes étapes d'une action et ses effets prévisibles**. Il fixe des objectifs et des moyens.

Le projet dans le domaine de l'accompagnement concerne une personne, un groupe de personnes, une institution, des organisations sociales et médico-sociales, une société. Les projets sont toujours validés par une autorité supérieure, autorisant et garantissant les moyens de l'action. Aucune action ne peut être conduite et financée si elle ne fait pas l'objet d'un projet incluant des objectifs, des moyens et des techniques d'évaluation.

② L'AES et le projet personnalisé

Attention

Le projet personnalisé existe uniquement dans le contexte institutionnel.

Le positionnement de l'AES est nécessairement inscrit dans un lien de cohérence entre les différents niveaux du projet global d'une organisation : les projets personnalisés, les projets de services, le projet d'établissement, le projet associatif, et enfin le projet de société. Ces cadres d'intervention protègent les personnes fragilisées d'éventuelles dérives.

Le projet personnalisé est le support de la délégation de pouvoir qui est faite à l'AES. Il est le moyen de coordonner les interventions de l'AES avec celles des autres professionnels assumant chacun sa responsabilité. Il est aussi le moyen de partager un espace de dialogue et de réflexion avec les différents membres d'une équipe.

Il se construit à partir des demandes et des attentes formulées par la personne accompagnée. Le recueil d'observations et l'analyse des besoins en amont aideront à la construction de cet outil de référence.

Vous trouverez ci-dessous une présentation des différents niveaux de projets. Au cœur de cette organisation décroissante se situe le projet personnalisé, ce qui confère une véritable place à la personne accompagnée, comme le prévoit le texte de la loi du 2 janvier 2002 dite « loi rénovant l'action sociale et médico-sociale ».

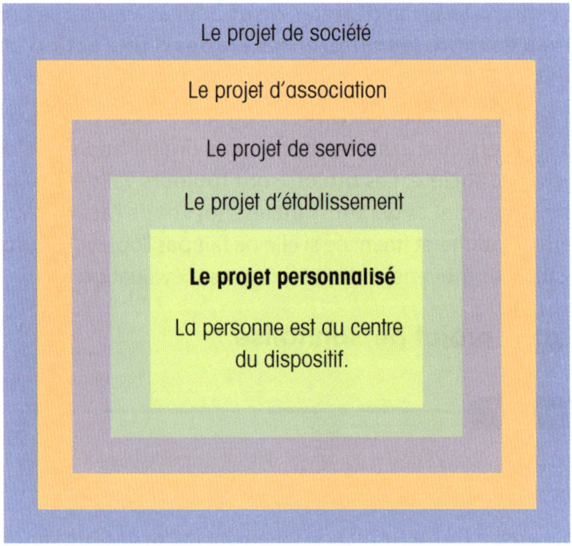

Fiche 11

Notion de représentations

① Définition

La représentation est l'action de rendre quelque chose présent à l'esprit de quelqu'un, une idée, une image, un objet, un symbole, etc.

Les représentations peuvent nous aider à saisir le sens d'un mot ou d'une idée, à appréhender des connaissances, des théories, etc. Mais elles peuvent aussi nous interdire l'accès à la compréhension si elles sont trop personnelles.

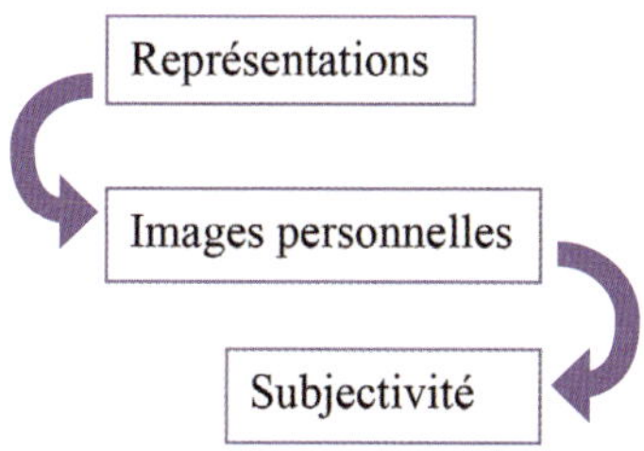

A. Des représentations non universelles

Nos représentations sont soumises à nos expériences, à notre environnement, à nos croyances, à notre culture… Elles sont par conséquent rarement universelles.

Lorsque nous communiquons :

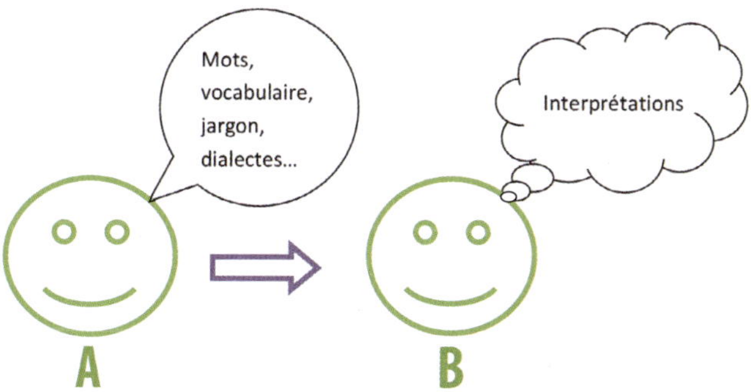

A s'exprime à partir de ses représentations et déclenche d'autres représentations chez **B**.

B interprète à partir de ses propres représentations, c'est pourquoi il peut ne pas toujours comprendre ce que dit **A**.

B. Les représentations, obstacles à la communication

Nous pouvons en déduire que les représentations peuvent être à l'origine de malentendus, d'incompréhension, de déception, de frustration…

Par exemple, lorsqu'une personne accompagnée goûte le repas qui lui est préparé et servi, elle est souvent insatisfaite de son assiette. L'annonce du plat renvoie toujours à des représentations (souvenirs) puisées dans le passé de la personne. Le nom des plats emprunte à la mémoire des représentations chargées de valeurs affectives. La réalité n'est jamais aussi douce que le souvenir que l'on garde pour se réconforter.

② Les représentations dans le métier d'AES

L'AES :

- **utilisera** les mots que la personne emploie pour s'exprimer, afin de réintroduire ses propres représentations dans l'échange verbal ;
- **reformulera** le propos de la personne afin de s'assurer de la bonne compréhension de la demande ;
- **engagera** la participation de la personne dans les actions éducatives proposées et dans tous les actes de la vie quotidienne afin de s'assurer de la satisfaction des besoins et/ou de la justesse des propositions ;
- **aidera** la personne à développer ses connaissances et élargir sa culture afin d'accroître ses représentations, car l'addition des connaissances et l'enrichissement de la culture générale créent une palette de représentations plus grande.

Le travail en équipe multiplie les individus, par conséquent les représentations. Ce plus grand nombre permet d'offrir une grande diversité afin de proposer un accompagnement plus adapté et plus susceptible de répondre aux besoins et attentes de personnes toutes différentes.

Deux formes de représentations :

1	**Croyances + connaissances** **=** **Ancrage dans notre mémoire**
2	**Construction circonstancielle** **=** **Construction d'interprétations**

Nous vous conseillons d'aller plus loin dans votre raisonnement et d'élargir vos connaissances afin d'améliorer la communication avec les personnes en situation de dépendance mais aussi d'accroître votre capacité à communiquer avec l'ensemble des professionnels.

Fiche 12

Notion de santé

① Définition

La santé selon l'OMS (Organisation mondiale de la santé) « est un état de complet bien-être physique, mental et social et ne consiste pas seulement en une absence de maladie ou d'infirmité ». Définition datant de 1946, non modifiée jusqu'à aujourd'hui.

② Mécanismes

Bien-être physique	Se soigner, réussir, progresser, évoluer, se lier, protéger, éprouver, créer, s'exprimer, se nourrir, se réunir, partager, croire, apprendre…
Bien-être mental	Épanouissement, estime de soi, plaisirs, désirs, séduction, spiritualité…
Bien-être social	Exercices physiques, activités intellectuelles, vie affective, activité professionnelle, vie sentimentale, activités culturelles, vie spirituelle, activités artistiques…

Le bien-être, qu'il soit physique, mental, ou social, est au cœur de la notion de santé.

La santé prise en compte dans sa globalité est associée, selon la définition de l'OMS, à la notion de bien-être. Cette approche englobe tant les éléments médicaux que les déterminants de santé et concerne aussi bien la santé physique que la santé psychique. La prévention, la promotion et l'éducation pour la santé sont les trois concepts qui émergent de cette définition.

③ La santé publique et la Covid-19

Le terme de « santé publique » est devenu depuis le début de la pandémie de Covid-19, l'un des plus employés, tant par les spécialistes que par le grand public.

A. Des mesures exceptionnelles

En son nom, des mesures exceptionnelles sont appliquées sur une grande partie de la planète (état d'urgence sanitaire, confinement…), malgré leur impact radical sur l'économie ou la vie quotidienne. Il est donc temps de faire évoluer la définition très abstraite et utopiste de la santé donnée par l'OMS lors de sa constitution en 1946 à savoir : « un complet état de bien-être physique, mental et social ». La situation dans laquelle nous sommes plongés vise à nous rappeler qu'il faut nécessairement aborder cette crise en tenant compte de toutes les composantes de notre environnement.

Pour lutter contre la propagation de la maladie, les interventions peuvent avoir trois cibles :

- agir sur le virus (en trouvant des thérapeutiques efficientes) ;
- renforcer les défenses de « l'hôte », notamment par le vaccin ;
- agir sur l'environnement (par exemple, en évitant la chaîne de transmission par l'intermédiaire des gestes barrières ou en évitant le passage de l'animal à l'homme).

La stratégie de contrôle de l'épidémie et la prévention doivent tenir compte de toutes les composantes de notre environnement. Il convient également de souligner, comme le fait un historien des épidémies, Patrick Zylberman, que l'espèce humaine vit dans un écosystème. C'est en analysant l'ensemble des interactions qu'il nous faut nous interroger sur les choix de société qui sont devant nous.

B. L'indispensable coopération entre les pays

Depuis le début de la pandémie, certaines solidarités ont vu le jour : envoi de matériel médical français vers la Chine, transferts de patients français vers des hôpitaux allemands, suisses ou luxembourgeois, fonds de solidarité pour les pays de l'Union européenne les plus touchés. Citons encore la collaboration internationale entre les chercheurs et la réflexion sur le rôle et les missions de l'OMS, mais également de l'organisme de coordination européen dans le domaine de la surveillance de la santé (ECD) de façon à les faire évoluer.

C. Une seule santé pour tous

Les défis en matière de santé n'ont pas de frontières. Les inégalités existent dans tous les pays et nous redécouvrons que les épidémies peuvent encore frapper notre planète avec une vitesse de propagation multipliée par la rapidité de déplacement des populations. Dans ce contexte, nous découvrons également l'importance de développer des réponses appropriées, liées certes aux connaissances, mais tenant compte aussi des histoires et des cultures de chaque communauté. Nous sortons ainsi d'un modèle du « chacun pour soi » au profit d'une vision plus solidaire par la prise de conscience d'une responsabilité collective. Il ne s'agit pas d'appliquer les gestes barrières pour soi mais pour toutes les personnes auprès desquelles nous évoluons. Les gouvernements du monde entier prennent des mesures sans précédent pour prévenir de la maladie.

Cependant, la promotion de la santé dépend d'une variété de déterminants politiques, économiques, sociaux et environnementaux mis en lumière dans la présente crise sanitaire. La pandémie en France a mis l'accent sur le manque d'éducation à la santé, troisième volet de la notion de santé. La multitude de questionnements sur le vaccin, les polémiques entre les représentants de l'État et les recommandations des médecins spécialisés en virologie, le manque de confiance des Français dans le système de santé, les comportements à risques, la consommation abusive de médicaments, l'automédication… : tous ces points interrogent directement nos représentations sur la santé. La prévention de la bonne santé du corps et de l'esprit ou le maintien en santé ne sont culturellement pas envisagés, car notre éducation repose davantage sur une représentation du soin lorsqu'il y a une pathologie. La pandémie actuelle pose de nombreuses questions et vient nous interroger sur nos manques.

Fiche 13

Outils de communication professionnelle

① Définition

La **communication professionnelle** s'organise autour de projets personnalisés, de leur mise en œuvre, des effets produits et de l'organisation professionnelle.

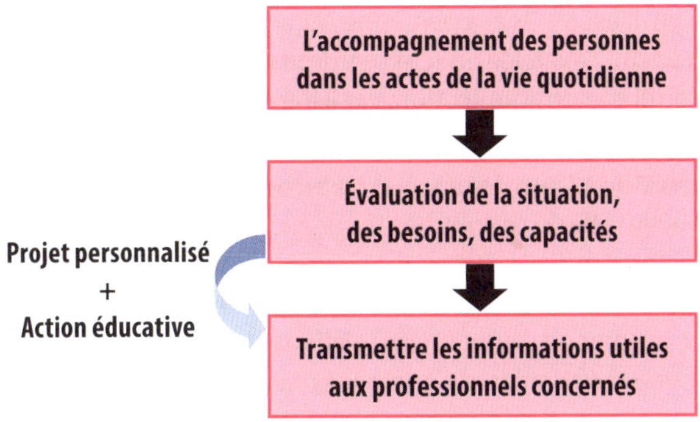

Nous devons préciser ici que la notion de projet comporte 2 phases :

1) La réflexion du projet personnalisé.

2) La mise en œuvre de ce projet par des actions éducatives.

② Les outils de communication institutionnels

➲ **Les temps d'échanges informels** : la machine à café, le parking, le coin fumeurs, la salle de pause sont des lieux où l'on échange oralement avec l'ensemble des professionnels de l'institution. La parole est libérée, de ce fait certaines informations circulent dans ces temps informels. On considère ces échanges comme des outils de communication car ils permettent aux professionnels de partager des connaissances, de commenter des informations, d'approfondir des sujets qu'ils n'ont pas l'occasion d'aborder ailleurs.

➲ **Le conseil de vie sociale** : il est constitué de représentants des résidents, des délégués du personnel, des représentants des familles et du chef d'établissement. Ils se réunissent quatre fois dans l'année afin d'échanger sur le fonctionnement et l'organisation de l'établissement. Cette instance est un outil de communication car elle donne à la fois la parole aux résidents, à leurs familles, aux professionnels et à la direction. Les échanges ont pour but d'améliorer les conditions de vie des personnes accueillies.

➲ **Le livret d'accueil** : il est un des sept outils de la loi du 2 janvier 2002. Ce support présente l'organisation, le fonctionnement et les idées directrices de l'institution. Il est remis à la personne accueillie ou à ses représentants légaux afin de garantir l'exercice effectif des droits et des devoirs de cette personne. Il est un outil de communication, car il informe les personnes des conditions d'accueil pratiquées dans l'établissement.

➲ **Les réunions (quotidiennes, hebdomadaires, mensuelles, bimensuelles, annuelles)** : ce sont des transmissions orales et écrites. La direction est décisionnaire de la durée, du jour, de l'heure et des personnes devant y participer. Elles s'adressent à une partie ou à l'ensemble des salariés, la présence de chacun pouvant être **obligatoire** ou **souhaitée**. Ces temps de travail sont très variables, de quelques minutes pour les transmissions orales quotidiennes à plusieurs heures pour les réunions de synthèse, de coordination, de direction, de transmissions, etc. Pour quelques-unes d'entre elles des notes sont prises, afin de résumer les échanges ayant eu lieu et permettre l'élaboration de synthèses et comptes rendus. La traçabilité des réunions permet le contrôle du travail après coup. La consultation des sujets abordés est possible avec une autorisation. **Le nom des réunions** indique leur **contenu** et renseigne sur les **professionnels présents**, par exemple : réunion projet personnalisé ou réunion éducative.

➲ **Les synthèses et comptes rendus** : ces outils couchent sur papier les échanges oraux des réunions. Ils reprennent de manière synthétique les thèmes abordés et rendent compte des décisions prises et des orientations à donner. La lecture de ces documents est précieuse pour cerner le sens du travail effectué jusqu'alors. Ils permettent une meilleure lisibilité des parcours des résidents et du travail accompli par les différents professionnels, afin de travailler dans la continuité de ce qui a été proposé.

➲ **Les cahiers de transmissions, cahiers de liaison ou logiciels** : ces outils communiquent des informations sur le quotidien des personnes accueillies.

Ils sont utilisés par des professionnels s'adressant à d'autres professionnels pour transmettre les problèmes des usagers observés à la date indiquée (voire même à l'heure indiquée, selon l'importance de l'information communiquée). Ces transmissions écrites sont un moyen de contrôle (traçabilité). Il n'en demeure pas moins qu'elles sont **confidentielles**. Pour cette raison, ces outils sont dans des locaux réservés aux professionnels. Parfois ces informations sont classées et accessibles grâce à un code d'accès délivré par les membres de la direction selon les postes et les fonctions attribués à chacun des professionnels.

➲ **La charte des droits des usagers** : ce document écrit est remis à toutes les personnes entrant en institution. La charte est annexée au contrat de séjour et constituée de douze articles. Elle protège les droits et les libertés individuels dans un lieu d'accueil collectif.

➲ **Les grilles d'évaluation** : ces outils de communication aident à mesurer des « choses » subjectives. Les indicateurs permettent d'appréhender des concepts abstraits, comme la douleur. Ainsi, en créant une unité de mesure, le professionnel peut comprendre, analyser, et proposer une aide adaptée.

➲ **Le projet d'établissement** : il pose les lignes institutionnelles, les moyens et les compétences mis au service du public accueilli par un établissement. Cet écrit est valable cinq ans. Sa forme est plus ou moins imposante : on trouve cet écrit condensé dans une dizaine de pages dans certaines institutions, et jusqu'à dix fois plus dans d'autres. Le projet d'établissement est parfois issu du projet d'association. Le projet d'accompagnement personnalisé s'inspire à la fois des demandes du résident et des axes de ce projet d'établissement.

➲ **Le projet d'accompagnement personnalisé** : cet outil issu de la loi du 2 janvier 2002 répond d'abord aux demandes de chacune des personnes accompagnées. Celles-ci sont actrices de leurs projets de vie en faisant part de leurs besoins et de leurs désirs aux accompagnants. Ces demandes sont transmises à l'ensemble de l'équipe pluri-professionnelle qui les étudie. Les professionnels émettent des propositions de travail afin d'atteindre le but visé. Ainsi, l'équipe se trouve dans une même orientation, dans une dynamique et une temporalité définies en réunion. Ce projet est régulé, réévalué et révisé tous les six mois ou un an en fonction des projets, des institutions et des publics. Il est un outil de communication entre le résident et le ou les professionnels, entre tous les professionnels, entre le résident et sa famille, entre la famille et les professionnels.

➲ **Les notes de service** : ces directives imposent, ordonnent, obligent les professionnels à se conformer au cadre institutionnel (dates et heures de réunions, organisation des congés annuels, plannings, emplois du temps, etc.). Ces écrits sont affichés dans des lieux destinés à la communication professionnelle, par exemple dans le local du personnel.

➲ **Les tableaux d'affichage** : ces supports de communication écrite peuvent se trouver à l'entrée des établissements. Ils informent toutes les personnes entrant dans les locaux sur les divers événements institutionnels. D'autres tableaux à usage uniquement professionnel se trouvent dans les structures. Dans ce cas ils seront placés dans des locaux professionnels, par exemple l'infirmerie où figureront les informations sur les traitements médicaux, les visites médicales à prévoir, les traitements ponctuels, etc.

➲ **Les fiches de renseignement ou fiches individuelles** : elles sont rédigées lors de l'entrée des résidents. Ces outils renseignent sur les habitudes de vie, les régimes, les allergies, etc. Ils sont mis en place par le chef de service ou la psychologue de l'établissement lors de l'accueil. On trouve généralement ces fiches dans un classeur lui-même rangé dans le bureau du personnel, du chef de service, ou à l'infirmerie. Elles se présentent souvent sous la forme d'un questionnaire. Les informations peuvent être complétées et/ou modifiées en fonction des observations et des changements.

Ces moyens institutionnels mis à disposition permettent :

- le recueil d'informations ;
- le partage du travail d'accompagnement ;
- la traçabilité des actions, des interventions et des incidents ;
- l'analyse des observations ;
- le contrôle des actions, des situations et du travail ;
- la lisibilité des parcours.

Ces outils de communication ont pour objectif général la transmission d'informations.

Fiche 14

Sociologie des familles

① Définitions

A. Le mariage : civil ou religieux

Le mariage est une cérémonie visant à unir deux personnes consentantes et majeures, sans distinction de sexe, par des liens juridiques. Il est concrétisé par l'élaboration d'un contrat. C'est en 2013 qu'une loi a légalisé les mariages unissant les couples de même sexe.

Le mariage religieux, pour les religions chrétienne, juive et musulmane, n'est pas ouvert aux couples homosexuels. Cependant l'Église luthérienne américaine, l'Église anglicane et l'Église protestante unie de France bénissent ces nouvelles unions.

B. Le PACS (Pacte civil de solidarité)

Il est instauré en France par la loi du 15 décembre 1999. C'est un contrat organisant la vie commune de deux personnes majeures, de sexe différent ou de même sexe, vivant sous le même toit.

C. L'union libre

Le concubinage est une union entre deux personnes vivant maritalement (en couple) sous le même toit, mais sans avoir signé de contrat. La preuve du concubinage peut être apportée par un certificat de concubinage, une déclaration sur l'honneur, des quittances de loyer ou factures portant les deux noms, etc.

D. La famille

La famille est une institution juridique regroupant des personnes unies par les liens du sang, du mariage, d'un pacte ou de l'adoption. Aujourd'hui, il s'agit d'un ensemble très diversifié allant de la famille nucléaire à la famille monoparentale, en passant par la famille recomposée et la famille homoparentale.

E. La filiation

La notion de filiation se définit comme le lien d'un individu à une ou plusieurs personnes dont il est issu. C'est le lien entre l'enfant et son ou ses parents. Dans le cas de l'adoption, c'est le jugement qui institue le lien de filiation.

En 2005, la distinction entre filiation légitime et filiation naturelle a été supprimée. Lors de l'accouchement, la mère peut demander que le secret de son admission et de son identité soit préservé, c'est l'accouchement sous X.

F. La parentalité

C'est un néologisme apparu à la fin du XXe siècle pour définir le rôle parental dans ses aspects :

- juridiques ;
- politiques ;
- socio-économiques ;
- culturels ;
- institutionnels.

Le statut de parent se complexifie dans le cadre des familles monoparentales, dans lesquelles un parent seul élève un enfant, ou pluri parentales, dans lesquelles plusieurs adultes successifs exercent la fonction de parent pour un enfant (décès, familles recomposées, adoptions, etc.). Deux personnes peuvent exercer ensemble une coparentalité sans pour autant être en couple, par exemple si elles se sont séparées ou ont divorcé après avoir eu un enfant.

La parentalité traditionnelle se complète au travers de la beau-parentalité, la parentalité adoptive, l'homoparentalité, la parentalité issue d'une procréation médicalement assistée (PMA), les statuts de parents biologiques et de parents sociaux. Il existe pour le moment un vide juridique qui donne lieu à de nombreuses interrogations autour de l'autorité parentale.

② Pratiques professionnelles de l'AES

Les professionnels travaillant avec les familles ont été de plus en plus confrontés à des situations complexes et inédites. Le terme de parentalité est entré dans le langage courant et des actions de soutien à la parentalité ont été mises en œuvre. L'aide ne doit pas se substituer à la responsabilité du parent cependant. Parmi les nombreux dispositifs, trois axes sont repérables :

- **les actions de protection** pour prévenir des négligences, des maltraitances ;
- **les actions de soutien** pour guider les parents dans le dépassement des obstacles, des difficultés, des souffrances, etc. ;
- **les actions de développement** pour apprendre à utiliser des ressources, développer des compétences…

Quelles que soient son histoire, ses particularités, ses ruptures, sa dynamique, **la famille demeure le partenaire incontournable** du travailleur social. Selon son lieu d'exercice et ses responsabilités, l'AES devra repérer et prendre en compte ce qui peut être source de difficultés pour les familles dans leurs contextes de vie spécifiques. Cela peut être l'isolement voire l'épuisement d'une famille monoparentale face au handicap d'un enfant, les conséquences d'une rupture ou d'un divorce sur un enfant, etc. Les situations rencontrées sont nombreuses, spécifiques, toujours inédites, et exigent une approche respectueuse et ajustée. La collaboration avec la famille se construit au fil du temps. Elle est soumise parfois aux aléas des rencontres, aux rivalités, aux malentendus, mais elle constitue le nécessaire maintien du lien de la personne accompagnée avec son environnement familial.

3 Commentaire

On assiste à une mutation des schémas familiaux et certains, encore peu répandus, émergent peu à peu. On se rencontre sur Internet dans le seul but d'avoir des enfants, sans pour autant avoir le projet de fonder une famille. Les parents célibataires sont en augmentation et les pères solos par choix sont de plus en plus nombreux.

Le nombre de parents transgenre devrait également augmenter dans quelques décennies. Certains, comme Susan Golombok (spécialiste britannique de recherche familiale), affirment que « la famille ne se fonde plus nécessairement sur du lien biologique ». Cette chercheuse étudie depuis de nombreuses années les « familles modernes » : père ou mère solos, enfants issus de la procréation médicalement assistée, de mères porteuses… Nombre d'études consacrées aux nouvelles formes de parentalité lui ont permis de conclure que, du point de vue de l'enfant, ce qui compte pour bien grandir, c'est la qualité des interactions avec les membres de sa famille bien plus que la composition même de cette famille. « Le fonctionnement familial, la qualité des relations entre les parents et les enfants et entre les parents, aussi bien que l'attitude de la société vis-à-vis de la famille, sont plus prédictifs de l'ajustement psychologique des enfants que la structure de la famille elle-même. » C'est la stigmatisation en dehors de la famille, plus que les relations en son sein, qui sont sources de difficultés pour les enfants qui grandissent dans ces nouvelles structures familiales.

Fiche 15 Accompagnement, aide, proximité

① L'accompagnement

Accompagner est le cœur de métier des AES. Cette compétence professionnelle s'inscrit dans les **savoir-faire, savoir et savoir-être**.

L'accompagnement éducatif et social consiste à se placer à côté de la personne là où elle se trouve, à la guider, à la soutenir, à la conduire, jusqu'au point d'arrivée. Les AES se tiennent tout près de la personne sans la gêner, sans l'entraver, sans la presser : on parle ici de « **juste distance** ». Les professionnels évaluent les besoins de la personne afin de les satisfaire. Ils établissent un projet personnalisé pour chacune des personnes accompagnées. L'ensemble de l'équipe interviendra à partir des rôles et fonctions de chacun. L'objectif de l'accompagnement vise le maintien de l'autonomie, l'évolution des apprentissages, le bien-être physique et psychologique.

La nature de l'accompagnement définit le dispositif dans lequel la personne en situation de dépendance est inscrite – par exemple, un dispositif temporaire d'accompagnement d'insertion sociale. Ce que nous pouvons dire pour résumer cette notion d'accompagnement, c'est qu'il est à la fois un processus et une procédure.

En ce qui concerne la pratique professionnelle des AES, l'accompagnement est quotidien. Cette dimension lui donne un sens intime, car la rencontre jour après jour confère un partage des situations, des lieux, des habitudes, des émotions… L'accompagnement est aussi une procédure dans lequel les interventions professionnelles s'inscrivent pour pallier une difficulté temporaire ou définitive. Les accompagnants conviendront des modes d'interventions les plus adaptés.

Dans la situation de crise actuelle, les accompagnements en milieu institutionnel aussi bien que ceux intervenant aux domiciles sont bouleversés, régulièrement modifiés par des protocoles successifs, dont les applications obligent à des changements radicaux. Ces réglementations imposent un rythme et des contraintes qui repositionnent un cadre législatif obligeant à la réflexion sur l'éthique des accompagnants.

② L'aide

Notre propos ici, tente de séparer le concept d'accompagnement de celui d'aide. L'aide peut être envisagée comme étant un instrument. L'accompagnement est une posture ou un dispositif. On pourrait envisager l'aide comme étant la pratique, l'outil de l'accomplissement. Plusieurs formes d'aide sont à relever ici :

- **L'aide financière :** les différents dispositifs d'aides économiques sont à l'origine de la satisfaction de certains besoins. Par exemple, les allocations attribuées sont des prestations aidant les ayants droit à vivre : allocation logement, allocation d'éducation, prime d'activité, revenu minimum, allocation à l'autonomie…
- **Les aides humaines :** le tissu associatif met à disposition des services multiples pour aider les personnes dans leurs différents besoins. L'action associative est aujourd'hui très variée dans son offre. Sa diversité de services répond, ou plutôt tente de répondre au désengagement de l'État. Les associations œuvrent toutes pour aider des personnes. Les objectifs communs sont l'équité et le principe d'égalité. Les associations peuvent être reconnues d'utilité publique, ou d'intérêt général. Un véritable réseau de professionnels, de bénévoles, d'adhérents apporte leur aide à des bénéficiaires.

Durant cette période éprouvante, de nombreuses initiatives ont vu le jour afin de maintenir le lien social. Leur objectif consiste à aider au mieux les personnes en situation de vulnérabilité. En voici quelques exemples :

- La Croix-Rouge française : mise en place d'un dispositif de conciergerie solidaire, « Croix-Rouge chez vous », joignable sept jours sur sept au 09 70 28 30 00. C'est un service d'écoute et de soutien psychologique et d'interventions.
- Les Petits Frères des pauvres : ligne d'écoute et de soutien téléphonique renforcée au 08 00 47 47 88 (numéro gratuit, anonyme et confidentiel).
- Le Centre mémoire ressource recherche maladie d'Alzheimer (CMRR) de l'Assistance publique des hôpitaux de Marseille a mis en place un dispositif téléphonique au 04 91 38 89 60 pour maintenir le lien avec les patients atteints de maladie d'Alzheimer, leur famille et leurs aidants.
- France Parkinson : soutien aux personnes concernées par la maladie et à leurs familles, joignable au 01 45 20 98 96 et via soutien@franceparkinson.fr
- L'ARS Île-de-France en partenariat avec l'Assistance publique des hôpitaux de Paris et le soutien du site d'information Psycom : plate-forme d'écoute régionale pour les familles, les aidants des personnes souffrant de troubles

psychiques au 01 48 00 48 00, numéro gratuit joignable de 13 à 21 heures sept jours sur sept.

- Autisme info service : plate-forme d'écoute téléphonique renforcée mise en place pour le soutien des familles et des personnes adultes autistes pendant la période de confinement au 08 00 71 40 40.
- L'UNAPEI : mise à la disposition des familles et des personnes en situation de handicap d'un accueil téléphonique et d'une adresse mail dédiée pour toute question ou demande d'information covid19@unapei.org
- La fédération Grandir ensemble : plate-forme gratuite pour les familles de personnes en situation de handicap, numéro vert pour contacter des éducateurs, formulaire en ligne pour exprimer les besoins, faire une demande d'intervention professionnelle habilitée à leur domicile, et pour faire les courses…
- Le gouvernement : réserve civique-Covid19 « jeveuxaider.gouv.fr » afin de permettre à tous ceux qui le peuvent et le souhaitent de s'engager et de donner du temps.
- La fondation de France ou la fondation de la Croix-Rouge française : appels à projets lancés.

③ La proximité

Dans un premier temps, l'idée de proximité est liée aux corps en présence. L'accompagnement quotidien de l'AES lors d'une toilette, d'un brossage de dents, d'un repas se réalise avec une distance physique minimale, il ne peut en être autrement. Aujourd'hui le concept de proximité revêt un costume neuf. Cette notion est à repenser à la lumière de « la distance sociale », de la « distanciation » de la crise de la Covid-19. Les professionnels se trouvent dans l'obligation de porter des gants, un masque, des sur-chaussures et des blouses, et posent des barrières afin d'empêcher la transmission du virus. Nous ne pouvons pas ignorer les entraves, les gestes maladroits causés par ce harnachement, les paroles inaudibles énoncées derrière un paravent étouffant le son des voix, affaiblissant l'articulation des mots bienveillants. Le contact tactile est empêché par le latex, parasitant ainsi le geste qui se voulait réconfortant ; il devient un acte froid, distant et peut-être même inspirant le rejet d'autrui. Comment penser la proximité dans une relation de méfiance car « l'autre » est tout à coup un risque potentiel de contamination ?

Dans un second temps, le terme de proximité est aussi un qualificatif illustrant la relation entre deux personnes. Les professionnels créent une proximité afin d'accompagner les personnes quotidiennement. Cette posture appuie ses fondations sur la relation de confiance. Dans cette situation de grandes précautions médicales, les relations sont de fait tendues, peu propices aux relations éducatives et aux relations sociales. Laisser entrer quelqu'un dans son espace d'intimité équivaut à dépasser les limites de protection ! Cette proximité est bousculée au cœur même des familles. On ne s'embrasse plus, on ne se réunit plus, pas de mariage, pas de fête d'anniversaire… Les distances sont encouragées, la proximité est chassée de notre quotidien ! Quel sens donner aujourd'hui à la proximité ? Comment continuer à accompagner quotidiennement les personnes en situation de dépendance dans le respect des personnes, des lois, des droits et des devoirs ?

Fiche 16

Équipes pluri-professionnelles

① Définition

Une équipe pluri-professionnelle, ou pluridisciplinaire, est composée d'un ensemble de professionnels dont les compétences variées permettent de répondre aux nombreux besoins de personnes nécessitant un accompagnement. Elle travaille sous l'autorité hiérarchique du directeur, ou par délégation sous celle d'un chef de service, surveillant ou maître de maison, selon les usages des établissements et services.

② Composition

- **L'équipe de direction ou d'encadrement**.
- **Les services généraux** (souvent prestataires externes).
- **L'équipe éducative** : éducateur spécialisé, moniteur-éducateur, accompagnant éducatif et social, maître de maison, surveillant de nuit, etc.
- **Le service médical et paramédical** : médecin généraliste, psychiatre, pédopsychiatre, pédiatre, gériatre, rééducateur, infirmier, aide soignant.
- **Autres acteurs** : un psychologue, un assistant de service social et un animateur.

③ Le rôle de l'AES au sein de l'équipe pluri-professionnelle

L'AES fait partie de l'équipe pluri-professionnelle. On attend de lui qu'il apporte ses observations quotidiennes, qu'il parle de ses pratiques, qu'il sache les argumenter, éventuellement les modifier. L'AES est bien placé pour être le porte-parole des personnes accompagnées : il les voit évoluer dans leur quotidien et peut souvent mieux exprimer auprès de l'équipe leurs souffrances, besoins et satisfactions.

Fiche 17

Méthodologie du projet personnalisé

➲ **Le recueil des informations sur la personne concernée**. Il s'agit de rédiger un recueil de données à partir des témoignages de la personne, de l'entourage et du représentant légal s'il y a lieu, et des expertises des différents professionnels.

➲ **Le repérage des habitudes de vie** (écoute, observation). Plus ciblé, il permet d'identifier les besoins de la personne et son fonctionnement. Il ne s'agit plus de recueillir passivement des informations mais d'identifier des éléments précis et utiles. Il passe par une analyse professionnelle, la consultation de la personne et la sollicitation de son entourage et/ou représentant légal.

➲ **L'analyse partagée de la situation.**

➲ **La rédaction des accords, du consensus** pour établir le projet d'action personnalisé.

Exemple de document à remplir pour l'élaboration d'un projet personnalisé

Date de la réunion de synthèse

Coordonnées de la personne :

Caractéristiques de la situation :

Prescripteur :

Situation préalable à l'accompagnement :

Synthèse des besoins de la personne :

a) Santé
b) Social
c) Culturel
d) Sportif
e) Professionnel
f) Autre…

PLAN D'ACTION DE L'ACCOMPAGNEMENT

Date de l'évaluation :

Partenaire(s) :

Professionnels présents :

Dimension du champ d'action	Objectifs	Action à mettre en œuvre	Moyens

Date de mise en œuvre du projet :

Nom du référent :

Date d'évaluation du projet (1 fois par an minimum) :

Fiche 18

Temps clefs et dimensions qu'ils recouvrent

① Les quatre temps clefs de la journée d'une personne accompagnée

Le tableau ci-dessous est pensé pour les différentes interventions de l'AES à domicile, en milieu scolaire ou en structures collectives.

L'accueil Internat/externat	**La toilette** Internat/externat dans certaines conditions
– Rencontre de la personne – Commencement de l'accompagnement quotidien – Instauration des habitudes, des rituels de bienvenue, du rythme – Création d'une dynamique permettant la mise en confiance	– Préparation à la toilette – Douche/brossage des dents : hygiène – Aide à l'habillage – Coiffure/mise en valeur – Tenue vestimentaire ➜ Accompagnement qui peut se réaliser le matin ou le soir, en fonction des habitudes de la personne et de la pertinence du moment.
Les repas Internat/externat/domicile	**Le coucher** Réservé à l'internat
En internat, ils sont au nombre de 3 voire de 4 (petit déjeuner, déjeuner, goûter, diner). En externat leur nombre est de 2 ou 3. À domicile, cela dépend de la mission de l'intervenant. ➜ Le repas ne fait pas partie des missions de l'accompagnement en milieu scolaire.	– Préparation des affaires – Mise au repos – Aide au coucher – Respect du rythme, des rituels de la personne – Préparation à la solitude de la nuit

② Les dimensions que recouvrent ces temps clefs

A. Le temps d'accueil

Dimension affective

- Sentiment d'être attendu, rupture de la solitude

➲ **Dimension sociale**

- Appartenance à un groupe, à un tout, rencontre de l'autre

➲ **Dimension culturelle**

- Rituels, coutumes, usages, traditions

➲ **Dimension éducative**

- Respect des conventions et des règles de société, respect de l'autre

B. La toilette

➲ **Dimension affective**

- Rapport à soi, sentiment de propreté, sensations agréables
- Rapport aux tiers, confiance, envie d'être beau/belle pour plaire
- Rapport au corps, aspect sensoriel, intimité, contact humain

➲ **Dimension sociale**

- Relations aux autres, intégration au groupe, identité sociale

➲ **Dimension culturelle**

- Rapport à l'intimité
- Rapport aux origines
- Rapport à la famille

➲ **Dimension éducative**

- Respect des conventions, des règles, de la bienséance
- Respect du corps de l'autre

C. Les repas

➲ **Dimension affective**

- Aliments vecteurs d'émotions (souvenirs, plaisir, dégoût, frustration)
- Éveil sensoriel (gustatif, odorant, tactile, visuel)

➲ **Dimension sociale**

- Communication, partage
- Bonne santé, meilleure humeur après avoir mangé
- Acte écologique, acte politique (favoriser les produits locaux, les produits français…)

➲ **Dimension culturelle**

- Rapport aux origines sociales ou culturelles, à la famille
- Identité culturelle

Dimension éducative

- Respect des conventions et des règles lors des repas

D. Le coucher

Dimension affective

- Émergence des émotions, jaillissement des sentiments
- Peur de la solitude ou plaisir de s'allonger

Dimension sociale

- Respect du rythme sociétal, présence éveillée durant la journée
- Bon état de veille après un meilleur sommeil

Dimension culturelle

- Traditions familiales, rituels personnels
- Expressions religieuses

Dimension éducative

- Acceptation d'un temps de repos imposé

Fiche 19 Travail avec les familles

① Définition

La famille d'une personne accompagnée comprend :
- les parents ;
- les enfants ;
- la fratrie ;
- le conjoint.

Le travail avec la famille recouvre l'ensemble des initiatives que peuvent prendre aussi bien les professionnels que la famille elle-même, afin que les soins soient prodigués dans une cohésion qui bénéficie à la personne accompagnée.

Illustration d'un brainstorming à partir des mots : **travail avec les familles.**

Appui	**Méfiance**
Très présents	**Intolérants**
Démissionnaires	**Compréhensifs**
Incompréhension	**Bienveillants**
Désagréable(s)	**Solidaire(s)**
Conflits	**Agressivité**
Culpabilité	**Colère**
Partenaires	**Exigeants**
Autoritaire	**Souffrance**
Malentendus	**Non reconnaissance**

② Les relations avec la famille

La famille n'est pas à l'aise dans les relations où les professionnels imposent un partenariat dans l'éducation des enfants ou le soutien des parents. Les enfants des adultes accompagnés vivent souvent douloureusement le placement de leur père ou de leur mère. L'arrivée d'une équipe de professionnels dans les relations familiales peut être vécue comme une mise au grand jour d'une incapacité d'aider les siens. Naissent alors un sentiment de culpabilité, un rejet de la situation, un déni des difficultés, etc.

Les professionnels travaillent avec ce sentiment d'impuissance des familles, avec leur frustration et leur déplaisir. Cette situation peut créer des points de dysfonctionnement, de frottement entre des opinions différentes ou des manières de faire quelques fois contraires. Cependant toutes les personnes, membres de la famille et professionnels, œuvrent dans un seul but : **le bien-être de la personne accompagnée**. Il convient de rassurer les familles qui ne peuvent pas avoir toutes les compétences nécessaires pour l'accompagnement d'une personne en situation de dépendance, mais dont la bonne volonté n'est pas remise en cause pour autant.

3 Les difficultés

A. Pour la famille

La maladie, le handicap et le vieillissement bouleversent l'équilibre familial. Les séparations, l'isolement, le déni, les difficultés d'assumer ces responsabilités supplémentaires, la réactualisation des conflits antérieurs, les émotions exacerbées, les comportements défensifs, le surinvestissement dans la relation affective, l'omniprésence ou le désinvestissement peuvent constituer des obstacles à l'accompagnement.

B. Pour les professionnels

La confrontation aux souffrances familiales, aux comportements agressifs et défensifs, le côtoiement de la maladie, des conditions difficiles de travail, les décalages entre le fonctionnement institutionnel, les besoins des personnes accompagnées et les demandes familiales, créent une énorme pression sur les salariés. Très souvent les écarts entre ce que l'on devrait faire et ce qu'il est possible de faire mettent à mal le moral des professionnels.

4 Les outils professionnels

L'instauration d'un **climat de confiance** est primordiale pour travailler en partenariat avec les familles. Les réunions permettent de les rencontrer dans des temps conçus pour échanger sur les moyens mis à disposition pour l'accompagnement de la personne. Inversement, elles permettent aux familles de connaitre les professionnels auxquels elles confient leurs parents ou enfants. Elles sont un lieu de réflexion collective dans lequel se construit le recueil d'informations pour l'élaboration du projet personnalisé.

La famille doit **se sentir accueillie par les professionnels**. Des rencontres informelles peuvent favoriser ce sentiment, aux retours des week-ends ou des sorties familiales par exemple. La banalité de l'entretien apporte à la famille un soutien, un réconfort. Un professionnel physiquement présent pour prendre en charge la personne accompagnée et échanger avec ses proches, c'est mettre en évidence la présence humaine. L'organisation institutionnelle prévoit de manière générale ce type de rencontres.

Les échanges téléphoniques sont aussi des échanges informels. Les professionnels prendront garde de **ne rien communiquer d'inquiétant** car la distance rend la lecture de la situation complexe pour la famille. L'institution dispose généralement d'un protocole ou diffuse une note de service sur les échanges téléphoniques avec les familles.

Les analyses de pratiques professionnelles sont des outils mis à la disposition des équipes afin de travailler sur la distanciation des situations posant problème. Le projet institutionnel, le contrat de séjour, le projet personnalisé, les écrits professionnels, le travail d'équipe, la mise en place de référent, les procédures ; tous ces outils de travail sont mis à disposition des professionnels afin d'optimiser la relation partenariale avec les familles.

Fiche 20 Travail d'équipe

① Définition

« Dans le cadre de ses missions, en lien avec une équipe et sous la responsabilité d'un professionnel encadrant ou référent, il participe à l'élaboration et la mise en œuvre d'un accompagnement adapté à la situation de la personne, de ses besoins, de ses attentes, de ses droits et libertés. [...]

Selon son contexte, il intervient au sein d'une équipe pluri professionnelle et inscrit son action dans le cadre du projet institutionnel et du projet personnalisé d'accompagnement, en lien avec les familles et les aidants. Il transmet et rend compte de ses observations et de ses actions afin d'assurer la cohérence et la continuité de l'accompagnement et de l'aide proposée. [...]

Le diplôme d'État lié à cette profession constitue le premier niveau de qualification dans le champ du travail social. »

Extraits du référentiel professionnel conduisant au DEAES.

L'AES exerce son activité professionnelle aux domiciles des personnes, dans une structure collective du champ social ou médico-social, ou au sein de l'éducation nationale. L'accompagnement des personnes en situation de dépendance doit être continu et quotidien. Il exige une organisation entre professionnels sur plusieurs heures de la journée, voire sur la journée complète. La diversité des fonctions des encadrants répond par ailleurs aux différents besoins des personnes.

② Exemples d'organigrammes hiérarchiques

A. Organigramme hiérarchique d'une organisation collective

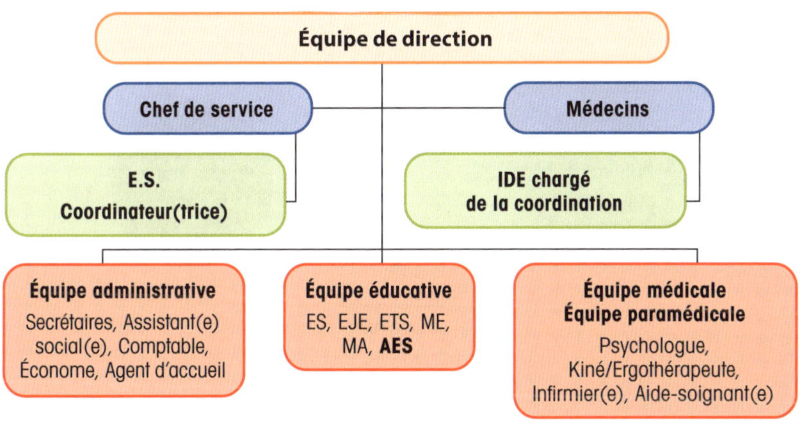

B. Organigramme hiérarchique d'une organisation à domicile

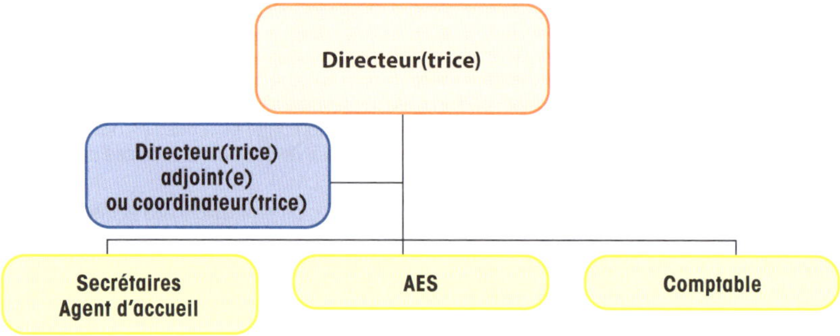

C. Secteur de l'éducation inclusive

L'AES est en lien avec de nombreux intervenants.

PARTIE 2
Cadres institutionnel et législatif

Cadre institutionnel : fiches 21 à 26
Cadre législatif : fiches 27 à 33

Fiche 21 Agences régionales de santé (ARS)

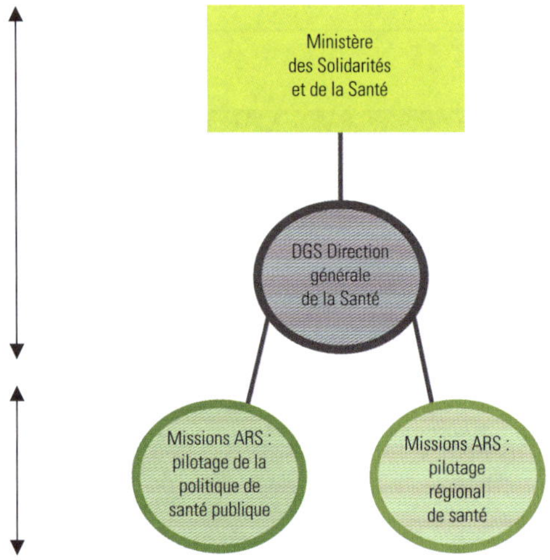

① Définition des ARS

Les ARS sont des établissements publics, autonomes moralement et financièrement, placés sous la tutelle des ministères chargés de la Santé, de l'Assurance maladie, des Personnes âgées et des Personnes handicapées.

Créées en 2010, elles définissent et mettent en œuvre la politique de santé régionale à partir des directives nationales. Une politique de santé régionale peut, par exemple pour les régions rurales, concerner la question des pesticides, si les zones agricoles sont exploitées en cultures intensives.

② Missions des ARS

A. Le pilotage de la politique de santé publique en région

- La veille et la sécurité sanitaire.
- Le financement et l'évaluation des actions de prévention et de promotion et de la santé.
- L'anticipation, la préparation et la gestion des crises sanitaires avec le préfet.

B. Le pilotage de l'offre de santé en région

- La coordination des activités et l'attribution du budget de fonctionnement dans les **hôpitaux**, **cliniques**, **centres de soins**, **structures pour personnes en situation de handicap et personnes âgées**.
- La répartition des médecins sur le territoire afin de mieux distribuer l'offre de soins.

3 L'ARS et la Covid-19

Les agences régionales de santé sont les relais de l'État dans les territoires, en charge de coordonner la gestion de la crise sanitaire de la Covid-19 en relation avec le ministre de la Santé et les préfets.

A. Missions

Les missions de l'ARS dans ce contexte de crise sanitaire consistent à aider au repérage des patients contaminés avant le stade 3 de l'épidémie et à accompagner les hôpitaux dans la gestion de l'afflux des malades en réorganisant l'offre de soins.

Les acteurs de la santé et les ARS doivent :

- Gérer la capacité d'accueil dans les services de réanimation, en lien permanent avec les groupements hospitaliers.
- Organiser la prise en charge des patients dans chaque établissement de santé chargé de la mise en place des filières Covid, tout en garantissant la continuité de son activité courante.
- Déprogrammer en cas d'absolue nécessité les activités non urgentes afin de libérer des places.
- Organiser et évaluer les prises en charge hospitalières et les accompagnements à domicile.

L'ARS est aussi en charge de l'ensemble des établissements des secteurs médicaux, médico-sociaux et sociaux. Elle se mobilise pour prévenir, protéger et préparer la prise en charge de ces populations en situation de dépendance à travers deux actions principales :

- Organiser la mise en œuvre de mesures de confinement et de protection très strictes dans les établissements prenant en charge des personnes âgées (EHPAD) en particulier.
- Maintenir l'accompagnement médico-social nécessaire à la préservation de l'état de santé global des personnes en situation de handicap, par un principe de précaution visant au maintien au domicile et à la continuité de l'accompagnement (IME et ESAT).

B. L'ARS et l'organisation des personnes en situation de grande précarité

L'ARS renforce le lien avec les préfectures, les DDCS, les acteurs départementaux du champ de la précarité, par exemple le tissu associatif. Les ARS coordonnent tous les acteurs des régions respectives afin de faire face à l'épidémie de Covid-19 chez ces personnes très fragilisées. Les divers dispositifs et initiatives visent à :

- Renforcer la capacité des centres d'hébergement collectif dans le respect des règles sanitaires établies.
- Mettre en place des équipes médicalisées mobiles pouvant intervenir dans les centres d'accueil de jour, les lieux d'hébergement sont ouverts en urgence.
- Multiplier et renforcer les maraudes
- Créer des centres d'accueil pour personnes sans-abri porteuses de la Covid-19 (sans gravité) afin de réduire le risque de contamination.
- Adapter la réponse du système ambulatoire en faveur des personnes en difficulté spécifique en mobilisant les professionnels de santé en faveur des dispositifs Covid-19 précarités.
- Renforcer la réponse dans les LHSS, ACT, mais aussi celle des équipes mobiles de psychiatrie et addictions.

Habitats inclusifs

L'habitat inclusif est une forme d'habitat participatif. Il s'adresse aux personnes âgées et aux personnes adultes en situation de handicap. Il ne répond pas à un format unique mais constitue un ensemble de solutions d'habitat pour éviter la vie institutionnelle. L'habitat inclusif devient la résidence principale de tous les occupants.

Il a été défini par l'article 129 de la loi Elan le 23 novembre 2018.

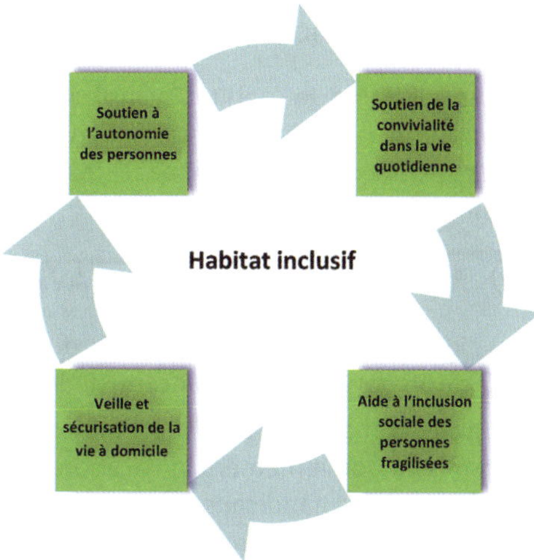

① Veille et sécurisation de la vie à domicile

On entend par veille et sécurisation le réconfort moral et l'attention mutuelle des habitants, assurant eux-mêmes des fonctions de surveillance.

La conception architecturale du bâtiment et la présence d'intervenants internes ou externes permettent également cette sécurisation. Les outils techniques comme la télésurveillance, les systèmes d'alertes médicales, l'utilisation de la domotique en font partie.

② Soutien à la convivialité

Le soutien à la convivialité est une dimension essentielle de l'habitat inclusif. Ce mode de vie prévient la perte d'autonomie, le risque d'isolement, le repli sur soi, la solitude… Il favorise le maintien du lien social grâce à l'organisation d'activités collectives, l'animation d'espaces partagés, les différentes visites des intervenants, la présence des familles et des amis.

③ Soutien à l'autonomie

L'habitat inclusif intègre l'accompagnement dans les tâches quotidiennes comme le ménage, la cuisine, le lever, le coucher, les déplacements. L'accompagnement est personnalisé et répond aux besoins des personnes.

④ Aide à l'inclusion sociale

Les habitants de l'habitat inclusif participent à la vie de l'établissement et apprennent à s'intégrer dans le quotidien de leur ville, à mener une **vie citoyenne**. Cela se traduit par l'accès aux services et aux droits (formations, emplois, loisirs, culture, sports…).

⑤ Aide à la vie partagée (AVP)

L'aide à la vie partagée est déployée depuis le 1er janvier 2021, avec les mesures incluses dans la loi de financement de la Sécurité sociale pour 2021.

La création de cette aide, recommandée par un rapport sur l'habitat inclusif remis au gouvernement, a vocation à permettre aux personnes âgées ou atteintes des handicaps de s'installer ensemble dans de petites unités de logement situées dans le centre-ville. Vivant dans des espaces privatifs, elles s'y partageront des espaces communs et un « projet de vie sociale ».

Sophie Cluzel (secrétaire d'État chargée des personnes handicapées) précise : « L'habitat inclusif est une offre permettant à un groupe entre 5 et 10 personnes d'être en collocation tout en bénéficiant d'un accompagnement et d'une aide individualisée. C'est une alternative, lorsque la vie en établissement n'est pas souhaitée ou nécessaire, mais que la vie chez soi, comme avant, n'est plus possible. » Selon Sophie Cluzel, 600 projets de colocation pourraient voir le jour d'ici la fin 2022 dans une trentaine de départements pilotes. L'aide à la vie partagée est ouverte sous condition de ressources aux personnes âgées de plus de 60 ans et aux personnes handicapées quel que soit leur âge. Jusqu'à la fin 2022, l'AVP sera cofinancée par l'État à hauteur de 80 % et par le département pour les 20 % restants.

Maisons départementales des personnes handicapées (MDPH)

① Définition des MDPH

Une MDPH est un service d'État, présent dans toutes les préfectures, de chacun des départements, afin de couvrir l'ensemble du territoire français.

L'objectif est d'« offrir un accès unique aux droits et prestations et ouvrir aux personnes handicapées toutes les possibilités d'appui dans l'accès à la formation et à l'emploi, et à l'orientation vers des établissements et services ainsi que de faciliter les démarches des personnes handicapées et de leur famille. »

② Missions des MDPH

- **ACCUEILLIR les personnes en situation de handicap, leurs familles et/ou représentants légaux**. Ce service centralise les informations sur les droits, les prestations, les acteurs, la législation française des personnes en situation de handicap. Le dossier de reconnaissance du handicap se retire et se dépose auprès de cette instance. Aujourd'hui, cette fonction d'accueil se fait principalement sur Internet. Il suffit de lancer une recherche sur « MDPH + le n° du département de sa résidence principale ». Le site est très fourni en informations et peut être consulté au sein d'un centre communal d'actions sociales (CCAS).
- **ÉVALUER les besoins des personnes** afin de compenser la situation de handicap. La MDPH statue sur les mesures compensatoires lors des Commissions des droits et de l'autonomie des personnes handicapées (CDAPH), qui se réunissent pour proposer des prestations, accompagnements adaptés, placements institutionnels, cartes de stationnement, transports adaptés… Cette instance élabore un plan personnalisé de compensation du handicap (PPCH).
- **ACCOMPAGNER les personnes dans les démarches administratives** telles que la rédaction du dossier « Reconnaissance en Qualité de Travailleur Handicapé » (RQTH). Ce document sera rédigé pour partie :

◊ **par le médecin généraliste**, qui indiquera la ou les pathologies de son patient, les déficiences, les incapacités, le traitement et ses effets sur le patient.

◊ **par la personne, et/ou son représentant légal**, qui décrira la manière dont elle envisage les mois et les années à venir. Son **projet de vie** sera pris en compte par la CDAPH (Commissions des droits et de l'autonomie des personnes handicapées) pour l'élaboration d'un accompagnement compensatoire. Il guide les décisions de la CDAPH et fait état des besoins spécifiques de la personne, de ses demandes et de ses souhaits pour les mois et les années à venir. La durée maximale de la reconnaissance du handicap est de 5 ans, même pour les situations où l'atteinte a un caractère irréversible. Elle est renouvelable.

- **ORIENTER la personne en situation de handicap** vers la prise en charge la plus adaptée au regard de son projet de vie et de la situation à l'origine de son handicap.

③ Exemples d'aides proposées par les MDPH

- **Aides humaines :**

– La présence d'un AES auprès d'un enfant dans le cadre d'une scolarité en milieu traditionnel.

– La présence d'un kinésithérapeute à domicile pour des séances de rééducation.

– Le placement dans un établissement spécialisé auprès de professionnels assurant des prises en charge médicales et éducatives.

– L'accueil dans un établissement, un service, une structure, ou la mise en place d'un dispositif, d'une mesure d'urgence en internat, semi-internat ou séjour temporaire.

– L'accompagnement quotidien en taxi pour le trajet domicile/institution (IME, EEAP, IEM, ITEP…).

– Le transport ponctuel en taxi, ambulance, depuis le domicile ou le lieu de prise en charge.

Les équipes pluri-professionnelles proposent leur soutien quotidiennement, hebdomadairement, ponctuellement selon les besoins des usagers. L'accompagnement peut être social ou médico-social.

- **Aides financières :**

– Le versement de l'allocation d'éducation de l'enfant handicapé (AEEH).

– Le versement de l'allocation d'adulte handicapé (AAH).

Fiche 24

Organisation des services et établissements

Les professionnels des champs sanitaire, social et médico-social interviennent dans des secteurs souffrant de fragmentations et de cloisonnements, qui peuvent constituer autant d'obstacles à la fluidité et à la continuité des parcours des personnes qu'ils accompagnent. Les professionnels exerçant en établissements connaissent mal ceux qui interviennent à domicile et/ou en milieu ouvert, et inversement. Pourtant, la bonne articulation des lieux d'accueil est nécessaire pour conjuguer les projets de vie et les projets de soins.

Ces professionnels appréhendent mal les intervenants des champs auxquels ils n'appartiennent pas. Bien que la « coupure » entre le sanitaire et le social ait pratiquement disparu des textes législatifs, cette scission est encore présente sur les terrains professionnels.

Il est donc important d'avoir une connaissance générale du paysage qu'offrent les différents services et établissements qui constituent l'ensemble des possibilités de prise en charge des personnes en situation de dépendance.

① Les quatre niveaux d'organisation des institutions françaises

	Ministère des Solidarités et de la Santé	
Organisation du niveau national	DGS (Direction générale de la Santé)	DGCS (Direction générale de la cohésion sociale)
Organisation du niveau régional	ARS (Agence régionale de la Santé)	DRJSCS (Direction régionale de la jeunesse, des sports et de la cohésion sociale)
Organisation du niveau départemental	PMI sous l'autorité du CD (Conseil départemental)	DDCS ou DDCSPP MDPH
Organisation du niveau communal	Maison de santé Pôle de santé Maison de naissance SCHS (Service communal d'hygiène et de santé)	CCAS

② Les missions de chacune des institutions

A. Les missions au niveau national

Sigles	Définitions	Missions
DGS	Direction générale de la Santé	– Élabore, guide et ancre la politique de santé par le pilotage des Agences Régionales de Santé (ARS) sur le territoire national – Veille, sécurise et protège les populations des risques sanitaires exceptionnels – Garantit à tous l'accès à des soins de qualité – Joue un rôle dans les instances européennes et internationales
DGCS	Direction générale de la cohésion sociale	– Conçoit, pilote et évalue les politiques publiques de solidarité, de développement social et de promotion de l'égalité afin de favoriser la cohésion sociale et le soutien à l'autonomie des personnes
DGOS	Direction générale de l'offre de soins	– Pense et construit l'offre de soin de demain, en concertation étroite avec les institutionnels, les interlocuteurs professionnels, les représentants des patients et les usagers de la santé

B. Les missions au niveau régional

Sigles	Définitions	Missions
ARS	Agences régionales de santé	– Chargées du pilotage régional du système de santé – Définissent et mettent en œuvre la politique de santé en Région, au plus près des besoins de la population
DRJSCS Ou DRDJSCS	Direction régionale de la jeunesse et des sports et de la cohésion sociale	– Intervient dans 3 grands domaines : les politiques sociales, les politiques sportives, les politiques de jeunesse, de vie associative et d'éducation populaire
CR	Conseil régional	– Exerce dans les domaines de l'apprentissage pour les jeunes, les lycées et les lieux d'apprentissages professionnels – Exerce auprès des adultes en difficulté d'insertion économique, favorise l'orientation dans le domaine de la formation professionnelle (PRF)

Sigles	Définitions	Missions
CR	Conseil régional	– Organise les transports tels que le ramassage scolaire, la gestion des déplacements interurbains, les actions et le développement économiques (aides aux entreprises), la gestion des déchets – Encadre les actions culturelles, les sports, le logement, le tourisme régional, le développement des ports maritimes et des aérodromes

C. Les missions au niveau départemental

Sigles	Définitions	Missions
DDCS	Direction départementale de la cohésion sociale	– Mise en œuvre des politiques de l'État qui visent à préserver ou à restaurer la cohésion sociale – Compétente en matière de politique relative à la jeunesse, à la vie associative, à l'éducation populaire
DDCSPP	Direction départementale de la cohésion sociale et de la protection des populations	Ses missions sont identiques à celles de la DDCS.
MDPH	Maison départementale de la personne handicapée	– Guichet unique – Conseiller, informer, orienter, évaluer les personnes en situation de handicap – Recevoir les familles et les personnes en situation de handicap pour les retraits et les dépôts des dossiers de reconnaissance du handicap – Convoquer la CDAPH (commission des droits et de l'autonomie des personnes handicapées) afin de prononcer l'orientation pour valider le projet de vie
PMI	Protection maternelle infantile	– Service placé sous l'autorité du président du conseil départemental et chargé d'assurer la protection de la mère et de l'enfant – Mener des actions de prévention et de dépistage, assurer un accompagnement psychologique et social, contrôler des établissements d'accueil d'enfants de moins de 6 ans – Proposer des formations aux futures assistantes maternelles et décider de leur agrément, puis en assurer le contrôle

Sigles	Définitions	Missions
CAF	Caisse d'allocations familiales	– Organisme privé assurant une mission de service public – Aider les familles par le versement de prestations familiales et par une politique d'action sociale donnant lieu à des aides aux allocataires et aux partenaires
CPAM	Caisse primaire d'assurance maladie	La sécurité sociale ne concerne pas que l'assurance maladie. Elle présente 5 branches : • Maladie (risques maladie, maternité, invalidité, décès) • Accident de travail et maladies professionnelles • Branche famille • Retraite • Cotisations et recouvrements

D. Les missions au niveau communal

Sigles	Définitions	Missions
MSP	Maisons de santé pluridisciplinaires	– Assurer des activités de soins sans hébergement. Le regroupement de professionnels sur un même site permet de prendre en compte les besoins d'orientation, d'information, d'éducation, de suivi et de coordination des soins du patient
CCAS	Centre communal actions sociales	– Institution locale d'actions sociales – Mettre une série d'actions générales de prévention et de développement social dans la commune, tout en collaborant avec les institutions publiques et privées
PS	Pôle de santé	– Un pôle de santé a les mêmes caractéristiques qu'une maison de santé, mais avec exercice dans et/ou hors les murs – Un pôle de santé n'implique pas le regroupement dans un seul lieu des professionnels qui y sont attachés ; il peut comprendre plusieurs sites. Par exemple plusieurs maisons de santé, des cabinets individuels…

Services d'accompagnement

① SAMSAH (Services d'accompagnement médico-social pour adultes handicapés)

Cet accompagnement médico-social n'est pas proposé en établissements, il s'agit de services d'aide qui ont pour mission de contribuer à la réalisation du projet de vie des personnes adultes en situation de handicap. L'accompagnement favorise le maintien ou la restauration des liens familiaux et sociaux et facilite l'accès à l'ensemble des services offerts par la collectivité.

② SAVS (Services d'accompagnement à la vie sociale)

Ils constituent une réponse aux difficultés des personnes souffrant de troubles psychiques en mettant à disposition des logements individuels ou des appartements ayant des espaces collectifs. L'accompagnement éducatif vise à doter ces personnes de la capacité de gérer un budget, entretenir un habitat, composer des menus et pratiquer des activités. Il existe autant de SAVS que de projets d'établissements. Si tous proposent un accompagnement à domicile pour la vie quotidienne, ils ne disposent pas toujours de locaux pour les activités collectives, souvent pour des raisons budgétaires. Ils orientent alors les usagers vers des structures de loisirs existantes.

③ SSIAD (Services de soins infirmiers à domicile)

Le décret relatif aux conditions d'autorisation de fonctionnement date du 28 février 2005. Ils assurent, sur prescription médicale, les soins infirmiers, l'hygiène générale et l'aide nécessaire à l'accomplissement des actes essentiels de la vie. Peuvent en bénéficier les adultes en situation de dépendance, en situation de handicap ou atteints de maladies chroniques.

Les SSIAD ont pour mission de contribuer au maintien à domicile, notamment en prévenant ou en différant l'entrée à l'hôpital ou dans un établissement d'hébergement, et en raccourcissant certains séjours hospitaliers. Ils interviennent au domicile des bénéficiaires ou dans les établissements non médicalisés prenant en charge des personnes âgées ou des personnes handicapées. Les équipes sont constituées d'au moins un infirmier coordonnateur, d'aides-soignants et d'AES.

Fiche 26 Types d'établissements et les publics accueillis

Le projet d'établissement définit l'âge du public, le ou les handicaps dont les personnes sont atteintes, le rythme sur lequel elles seront accueillies et les conditions de l'encadrement dont elles bénéficieront.

① Le secteur des adultes

Intitulés des structures	Types de publics accueillis
AJ (Accueil de jour)	Établissement médico-social accueillant au cours de la journée des personnes adultes en situation de handicap, en perte d'autonomie. L'accompagnement a pour but de maintenir les capacités des personnes accueillies, très souvent par la mise en œuvre d'ateliers d'animation.
CHRS (Centre d'hébergement et de réadaptation sociale)	Les CHRS ont pour mission d'accueillir et d'accompagner des personnes adultes rencontrant des difficultés d'insertion sociale et/ou professionnelle ou des difficultés économiques. Ils hébergent temporairement des personnes isolées ou des familles. Au sein des CHRS, l'accompagnement social est une aide à l'insertion. Les CHRS s'inscrivent dans le cadre légal des luttes contre les exclusions.
EA (Entreprise adaptée, anciens ateliers protégés)	Structure proche d'une entreprise traditionnelle, devant tendre à son autonomie financière, offrant des activités productives et un soutien médico-social à des adultes en situation de handicap ou à des personnes inscrites dans un parcours de réinsertion sociale.
EHPAD (Établissement hébergeant des personnes âgées dépendantes)	Les EHPAD accueillent des personnes de 60 ans minimum. Ces structures peuvent être publiques, privées à but lucratif ou privées à but non lucratif. Elles s'organisent en plusieurs services. L'accompagnement s'appuie sur l'évaluation des capacités des personnes à l'aide des grilles AGGIR. Les résidents sont sectorisés en fonction du niveau d'autonomie.
Entreprise d'insertion spécialisée	Elle se présente comme une organisation institutionnelle recevant des subventions publiques, pour une période inférieure à 2 ans. Les personnes peuvent accéder au travail en milieu ordinaire, ce qui facilite leur insertion sociale.
ESAT (Établissement et service d'aide par le travail)	Services médico-sociaux offrant des activités productives, un travail adapté à des adultes en situation de handicap. Les personnes ayant un exercice dans ces lieux « protégés » ont un statut de « travailleurs handicapés » reconnu par la MDPH.

Intitulés des structures	Types de publics accueillis
FAM (Foyer d'accueil médicalisé)	Ces établissements accueillent des personnes présentant des pathologies lourdes associées à des problèmes de santé nécessitant un suivi médical quotidien. Certaines politiques associatives y ont vu une solution pour l'hébergement des personnes âgées handicapées, car l'accueil de ces personnes en EHPAD reste un problème. Par conséquent, dans un grand nombre de FAM, la moyenne d'âge est très élevée. L'accompagnement proposé vise au confort, à la sécurité et au maintien de la santé. Les FAM sont financés de manière forfaitaire par l'Assurance maladie pour l'ensemble des dépenses afférentes aux soins, au personnel médical et paramédical, à l'hébergement et à l'animation.
Foyer d'hébergement	Établissement d'accueil pour personnes adultes en situation de handicap. Les « travailleurs handicapés » qui y vivent exercent une activité pendant la journée en milieu ordinaire, en entreprise adaptée ou en ESAT. Une équipe de travailleurs sociaux assure l'encadrement le soir et les week-ends. Le logement des personnes s'organise différemment en fonction des associations. Les logements peuvent être regroupés dans un bâtiment spécifique ou dispersés, prendre la forme de pavillons... Les personnes ne pouvant plus exercer de métier sont réorientées vers les MAS, FAM et foyers de vie.
Foyer de vie	Nommés ainsi depuis la mise en application de la loi du 11 février 2005, ils remplacent les « foyers occupationnels ». Ces établissements accueillent des personnes adultes en situation de handicap ne pouvant pas ou plus exercer une activité professionnelle en milieu protégé. Ces lieux sont souvent organisés en plusieurs unités ou services. L'équipe pluri-professionnelle s'appuie sur un projet individualisé afin d'accompagner la personne de manière adaptée.
MAS (Maison d'accueil spécialisée)	Établissement médico-social financé en totalité par l'Assurance maladie. Les personnes adultes qui y sont accueillies se trouvent en situation de handicap moteur, mental, sensoriel ou de polyhandicap. L'accompagnement des personnes dans la réalisation des actes de la vie quotidienne est assuré par une équipe pluri-professionnelle, qui veille au maintien des acquis. Les personnes vivant en MAS bénéficient également d'une surveillance médicale quotidienne.

② Le secteur des enfants et des adolescents

Noms des structures	Types de publics accueillis
EEAP (Établissement pour enfants et adolescents polyhandicapés)	Les EEAP proposent une prise en charge globale dans les champs éducatif, sanitaire, pédagogique et thérapeutique, sur un mode d'internat ou de semi-internat. Cette transdisciplinarité permet d'accompagner les enfants, les adolescents ainsi que leurs familles.

Noms des structures	Types de publics accueillis
IEM (Institut d'éducation motrice)	Ce sont des établissements d'accueil pour enfants et adolescents présentant un handicap moteur. Le projet d'établissement définit l'âge, la pluralité de handicaps associés, le rythme sur lequel les résidents seront accueillis, les conditions d'accompagnement, etc.
IME (Institut médico-éducatif)	Ces établissements accueillent des enfants et adolescents en situation de handicap, présentant une déficience intellectuelle prédominante avec ou sans troubles associés. Ces structures reçoivent sur une modalité d'internat ou de semi-internat. Les enfants et les adolescents accompagnés bénéficient d'activités diverses qui ont pour but de développer les capacités motrices, sensorielles et cognitives. L'enseignement scolaire est assuré en interne par des instituteurs spécialisés et on y trouve des orthophonistes, psychomotriciens, AES, ES, EJE, ergothérapeutes, psychologues, pédopsychiatres... Ces établissements sont soumis à l'amendement Creton qui impose de garder les jeunes adultes en mal d'intégration dans une structure d'adultes. Le projet d'établissement prévoit l'âge d'accueil, le type de handicap et les conditions d'accompagnement par décision de la MDPH.
ITEP (Institut thérapeutique éducatif et pédagogique)	Ces instituts accueillent des enfants et/ou des adolescents présentant des troubles du comportement, des problèmes d'ordre psychologique. L'intensité des troubles du comportement perturbe plus ou moins gravement la socialisation et l'accès aux apprentissages. Ces enfants et/ou adolescents se trouvent, malgré des potentialités intellectuelles et cognitives préservées, engagés dans un processus d'échec provoquant une perte de confiance en eux. Le recours à des actions conjuguées et à un accompagnement personnalisé aide ces adultes en devenir.
MECS (Maison d'enfants à caractère social)	Elle accueille des enfants en danger, en souffrance, ne rencontrant pas dans leur milieu familial les conditions nécessaires à leur épanouissement, de manière ponctuelle ou durable. L'accueil se fait en internat, la scolarisation en milieu ordinaire est maintenue. L'équipe se compose d'éducateurs, de moniteurs-éducateurs et d'AES, parfois d'éducateurs sportifs. Elle aide l'enfant à construire de nouveaux repères sociaux, tout en favorisant un travail avec la famille. L'admission est faite sur décision de justice ou par les services sociaux compétents. Elle ne relève pas de la Commission des droits et de l'autonomie des personnes handicapées (CDAPH).
SIPFP (Section d'initiation et de première formation professionnelle)	Ces services se trouvent souvent associés aux IME. Leur mission consiste à accueillir des adolescents en situation de handicap pour les accompagner vers des apprentissages professionnels. Les ateliers proposés sensibilisent ces adultes en devenir à la culture florale et maraîchère, au travail du bois, à l'imprimerie, la cuisine, l'entretien du linge, des locaux et des espaces verts, etc. Pour faciliter l'insertion sociale, les professionnels animent en parallèle des ateliers d'expression artistique et favorisent l'inscription dans des activités sportives et culturelles.

Fiche 27

Accessibilité universelle

On appelle accessibilité universelle **l'accès à tout, pour tous**. Cela concerne aussi bien les bâtiments que les services, les loisirs, l'emploi, les communications et la formation.

À titre d'exemple, l'accès à tous les bâtiments recevant du public doit être possible aux personnes en situation de handicap. Cette obligation s'inscrit dans la loi du **11 février 2005** intitulée « **pour l'égalité des droits et des chances, la participation et la citoyenneté des personnes handicapées** ».

La loi donnait dix ans à tous les établissements concernés pour se mettre aux normes. Mais à la fin de l'année 2012, seulement 30 % des établissements publics étaient conformes à cette loi et la date butoir du 1er janvier 2015 n'a pas été tenue. Face à ce constat, il faut relancer la dynamique pour l'accessibilité des locaux et la libre circulation des personnes souffrant d'un handicap.

L'agenda d'accessibilité programmée (AD'AP) permet à tout gestionnaire/propriétaire d'établissement recevant du public (ERP) de poursuivre ou de réaliser l'accessibilité de son établissement. En 2019, la progression de la mise en accessibilité des bâtiments existants est infime. En revanche, les constructions neuves appliquent les règles et depuis le mois de janvier, les projets d'immeubles de trois étages ou plus doivent prévoir un ascenseur.

L'accessibilité est un enjeu majeur, mais la loi n'a pas été suffisamment suivie d'effets. En 2016, un second comité interministériel du handicap a réaffirmé le caractère prioritaire de l'accessibilité aux transports, à l'éducation, au logement, aux soins, aux services sociaux et médico-sociaux.

Pour en savoir +

www.gouvernement.fr

Fiche

28 Cadres législatifs des secteurs sanitaires et sociaux

① Les lois imposent les règles de société

Loi du 3 janvier 1968 « relative aux incapables majeurs »
Loi du 7 mars 2007 sur la « protection juridique des majeurs » (tutelle, curatelle, protection judiciaire)

Loi du 30 juin 1975 « relative aux institutions sociales et médico-sociales »

1999 Loi d'« accès aux soins palliatifs »
2005 Loi Léonetti contre l'« obstination déraisonnable »
2016 Loi Clayes-Léonetti sur le « droit de mourir dignement »

Loi du 2 janvier 2002 « rénovant l'action sociale et médico-sociale »

Loi du 4 mars 2002 sur la réforme des « droits des malades », qui établit les fondements sur le respect de la confidentialité, le droit à un consentement libre et éclairé, et le droit d'accès direct aux dossiers si demandé.

Loi du 11 février 2005 pour « l'égalité des droits et des chances, la participation et la citoyenneté des personnes handicapées »

Loi du 5 mars 2007 sur la « réforme de la protection de l'enfance »

Loi du 29 décembre 2015 d'« adaptation de la société au vieillissement », dite ASV, reprise le 22 février 2018 : anticiper la perte d'autonomie, adaptation globale de la société, accompagner la personne dans sa perte d'autonomie.

② Comparatif de 2 lois fondamentales

Loi du 2 janvier 2002 dite « loi rénovant l'action sociale et médico-sociale »

- Elle organise le secteur social et médico-social en plaçant la personne en situation de handicap **au centre du dispositif**
- Elle crée des **outils** d'évaluation et des outils d'accompagnement individualisé

Loi du 11 février 2005 « pour l'égalité des droits et des chances, la participation et la citoyenneté des personnes handicapées »

- Elle rétablit les **droits** des personnes vulnérables dans la société française
- Elle pose le postulat de **compensation du handicap** afin de donner droits et chances aux personnes en situation de handicap

Note :

- **« Ségur de la santé » :** les premiers accords législatifs ont eu lieu le 13 juillet 2020, après consultation des acteurs du système de soin français dans une période du 25 mai au 10 juillet 2020. Trente-trois mesures font l'objet d'accords dans cette situation de crise : aides financières, moyens humains, revalorisations salariales…
- Tous les professionnels accompagnant des personnes fragilisées, dépendantes, malades, ont dû multiplier leurs efforts et leurs heures de travail afin de prévenir, soigner, évaluer, accompagner. L'ampleur de la tâche a mis l'accent sur les dysfonctionnements et la pénurie de personnel, qui fut par ailleurs l'objet de multiples dénonciations dans les secteurs sanitaire, social et médico-social.
- Aujourd'hui, les tensions mettent en péril la qualité des soins apportés à toutes ces personnes vulnérables.
- Les soignants en milieu hospitalier et dans les EHPAD, relevant du domaine public, ont été augmentés mensuellement. En revanche, le privé lucratif et non lucratif, par exemple, les associations d'aide aux personnes en situation de handicap, ne se trouve pas dans la même situation.
- Dans certains établissements, on assiste à des démissions massives, des grèves… (les « oubliés du Ségur »).

Fiche 29

Citoyenneté

① Définition

Étymologiquement, le terme citoyen vient du latin *civis* signifiant « celui qui a droit de cité ». La citoyenneté permet à l'individu d'être reconnu comme **membre d'une société**.

En France, le principe de citoyenneté a été instauré par la Révolution française. Un citoyen est un homme ou une femme de nationalité française et de plus de 18 ans, jouissant de ses droits civils et politiques. Il peut être né de parents français ou étrangers naturalisés, ou avoir demandé la nationalité française à partir de ses 13 ans. Aujourd'hui, l'exclusion de la vie politique des mineurs fait débat.

② Les droits des citoyens

Être citoyen, c'est avoir des droits garantis par la loi, comme la liberté d'expression, le droit de vote, la protection sociale…

À partir de 18 ans, les individus sont considérés comme majeurs et **pleinement responsables de leurs actes**. La signature d'un document engage par exemple cette responsabilité.

A. Les droits civiques

Ils représentent les **libertés individuelles garanties par la loi.**

- **Droit de vote** : la majorité civile offre la possibilité de s'exprimer par les urnes.
- **Droit à l'éligibilité** : dès votre majorité, vous pouvez vous porter candidat à une élection.
- **Droit à la protection sociale** : l'attribution d'un numéro de sécurité sociale permet le remboursement des frais médicaux.

Chaque citoyen français bénéficie également du **droit aux prestations d'aide au logement,** du **droit aux prestations d'aide à l'éducation des enfants**, etc.

À noter que l'interdiction totale ou partielle des droits civiques est une sanction prononcée par un juge en cas de condamnation. Cela peut être aussi la conséquence d'une mise sous tutelle.

B. Les droits économiques et sociaux

Le droit du travail offre des prestations sociales, assurance chômage, revenu solidarité d'activité (RSA), prime d'activité, congé maternité, minimum interprofessionnel (smic).

C. Les droits environnementaux

Depuis 2004, la Charte de l'environnement proclame le « **droit de vivre dans un environnement équilibré et respectueux de la santé** ». Les droits environnementaux s'articulent autour de la notion de développement durable et du principe de précaution.

Chacun est appelé à être responsable du devenir de la planète.

3 Les devoirs des citoyens

A. Le respect des lois

Les citoyens doivent respecter les lois afin de vivre ensemble dans une société organisée. C'est l'assurance que **la liberté, les droits et la sécurité sont garantis pour tous**. Le non-respect des lois entraîne des sanctions pénales.

B. La fraternité

Chaque citoyen doit respecter les droits des autres. Les droits et les devoirs des citoyens sont de nature juridique et morale. **Chacun doit faire preuve de civisme et de civilité**.

C. Les impôts

La participation financière, l'effort commun est indispensable pour financer les services publics.

D. Le service national

Le 27 juin 2018, le gouvernement a validé le projet SNU, Service National Universel. La première session est obligatoire et dure un mois pour les jeunes de 16 ans. La deuxième session est basée sur le volontariat de jeunes de moins de 25 ans, dure de 3 à 12 mois, et peut être effectuée dans différents domaines (armée, gendarmerie, aide à la personne, sécurité civile ou encore culture).

E. Être juré

Les jurés des procès pénaux sont des citoyens tirés au sort à partir des listes électorales. Leur présence est obligatoire, sauf demande de dérogation pour un motif valable, lors des procès aux assises.

Fiche 30

Citoyenneté et déficiences mentales

① Les lois sur les droits des personnes en situation de handicap

La convention internationale relative aux droits des personnes handicapées, signée à New York en mars 2007, a été ratifiée par la France le 1er avril 2010. Elle complète la loi du 11 février 2005 « pour l'égalité des droits et des chances, la participation et la citoyenneté des personnes handicapées ».

② Les types de droits

A. Droit au travail

Le milieu ordinaire de l'emploi est ouvert aux personnes en situation de handicap. Pour favoriser leur insertion professionnelle ou leur maintien en poste, les employeurs doivent adapter les conditions de travail en fonction des situations. La qualité de « travailleur handicapé » peut être reconnue par la MDPH. Le salarié peut faire l'objet d'un licenciement au même titre que tous les autres employés, cependant le motif du licenciement ne peut être le handicap.

B. Droit au vote

Ce droit fait référence à l'article 29 de la Convention internationale des personnes handicapées de l'ONU.

L'État français est actuellement en train de mettre en place des mesures pour permettre le vote de toutes les personnes en situation de handicap. Le gouvernement s'est par exemple engagé à abroger l'article du Code électoral donnant aux juges des tutelles la faculté de retirer le droit de vote aux majeurs sous tutelle. Ces personnes auront accès sans restriction à l'information, aux programmes, aux discours, aux meetings et au vote lui-même. L'objectif, comme l'a précisé la secrétaire d'État chargée des Personnes handicapées, Mme Sophie Cluzel, est « que tout le monde puisse voter à l'horizon 2020 ».

C. Droit au mariage

Mme Cluzel affirme également vouloir « réparer » une privation de droits inacceptable, afin de « remettre les personnes handicapées dans la citoyenneté ». Les personnes majeures sous tutelle pourront se marier, se pacser, divorcer sans qu'un juge puisse les en priver. Aujourd'hui l'article 460 du Code civil dispose que « le mariage n'est permis qu'avec l'autorisation du juge ou du conseil de famille ». Des mesures devraient être mises en place pour que le mariage des personnes handicapées soit facilité d'ici 2020.

Droit du travail

① Le Code du travail

Le droit du travail est l'ensemble des normes régissant les relations entre un employeur et ses employés. Le Code du travail promulgué en 1910 recueille les lois définissant les règles du cadre professionnel. Il a été modifié en 2017, et cette version est toujours en vigueur actuellement. C'est l'ordonnance N° 2017-1385 du 22/09/2017 « relative au renforcement des négociations collectives ».

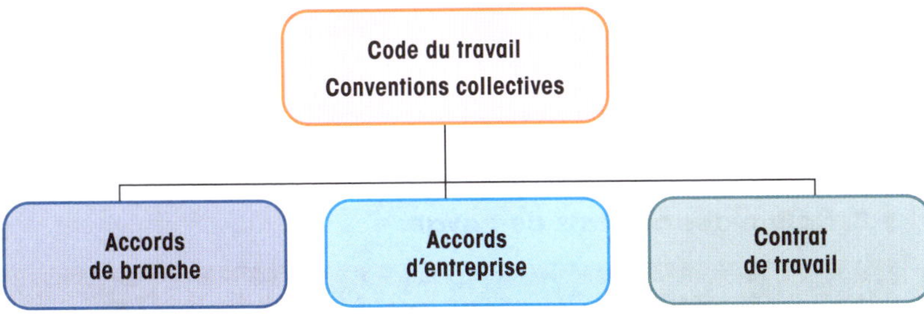

Dans le contexte professionnel, la norme qui a le pouvoir le plus important n'est pas toujours retenue. C'est la norme **la plus favorable aux salariés** qui est privilégiée. Ainsi, l'accord de branche peut par exemple primer sur les lois contenues dans le Code du travail.

- **La loi du 8 août 2016 « relative au travail, à la modernisation du dialogue social et à la sécurisation des parcours professionnels »** donne la priorité à l'accord d'entreprise sur l'accord de branche. L'accord d'entreprise ou à défaut l'accord de branche fixe le fonctionnement, l'organisation.

> Le taux de majoration des heures supplémentaires est fixé par accord d'entreprise ou à défaut par l'accord de branche.

- **L'ordonnance N° 2017-1385 du 22 septembre 2017 « relative à la prévisibilité et la sécurisation des relations de travail »** ajoute que l'accord d'entreprise prévoit les dispositions salariales. Il ne peut être prévu de salaires moins favorables que le SMIC.

② Le contrat de travail

Le contrat de travail existe dès qu'une personne s'engage à travailler pour un employeur moyennant rémunération. Certaines conventions collectives rendent obligatoire le document rédigé pour un temps plein en CDI, mais ce type de contrat est **le seul qui ne soit pas obligatoirement écrit**.

A. Les clauses principales devant apparaître sur le contrat de travail

✓ L'engagement du salarié dans l'organisation de travail et le lien de subordination juridique.

✓ La nature du poste à pourvoir et les missions attachées.

✓ Le lieu de travail.

✓ Le nombre d'heures.

✓ La rémunération.

✓ La présence de congés payés.

✓ La durée de la période d'essai.

B. Nature des contrats de travail

Contrats CDI	Contrats CDD
Temps plein ou temps partiel Contrat à durée indéterminée Exemples : Contrat de travail intermittent Contrat de retour vers l'emploi Contrat de portage salarial	Temps plein ou temps partiel Contrat de travail temporaire Exemples : Contrat de professionnalisation Contrat d'apprentissage Contrat de portage salarial

C. Suspension du contrat de travail

Le contrat est suspendu de manière temporaire dans certains cas précis.

✓ Le congé maternité, de paternité et d'accueil de l'enfant ou d'adoption.

✓ Le congé de présence parentale, le congé parental d'éducation, le congé de proche aidant, le congé de solidarité familiale.

✓ Le congé sabbatique.

✓ Le congé pour création ou reprise d'entreprise.

✓ Les arrêts de travail pour maladie (professionnelle ou non), accidents du travail ou accidents de trajets.

✓ Les congés payés.

✓ L'activité partielle.

✓ Certains congés de formation (par exemple le congé de bilan de compétences).

Au terme de la période de suspension le salarié doit retrouver son emploi ou un emploi similaire assorti d'un salaire équivalent.

3 Les conditions de travail en période de pandémie

Le monde du travail a été extrêmement modifié en quelques mois, ses adaptations permettent la continuité de l'activité professionnelle dans tous les secteurs autorisés à fonctionner :

- le port du masque et toute autre protection nécessaires comme les blouses, les gants, les sur-chaussures, la charlotte ;
- les modifications d'horaires pour compenser les absences pour maladie, la surcharge des tâches à accomplir ;
- les changements d'espace, les lieux n'étant pas toujours adaptés car trop exigus, certains aménagements ou déménagements du lieu d'activité ;
- le télétravail pour certaines tâches, les réunions en visioconférence ;
- l'accumulation d'heures supplémentaires ;
- l'application de protocoles successifs ;
- la multiplication des contrats temporaires, intérimaires.

Les points cités ci-dessus font l'objet d'adaptation sous les directives des protocoles diffusés par les ministères de la Santé et du Travail, ils peuvent être relayés par l'ARS, la DRJSCS, la DGS, la DGCS.

Fiche 32

Écologie et éco-responsabilité

① Définition

Dans le domaine scientifique, l'écologie est une discipline qui étudie l'être humain, son environnement et ses interactions avec les autres êtres vivants. Au sens courant, l'écologie est un mode de vie, une doctrine, dont le moteur est la protection de la nature. Un écologiste est une personne qui cherche à **créer le meilleur équilibre possible** entre l'Homme et son environnement, afin de préserver sa propre espèce mais également toutes celles qui l'entourent. Être écoresponsable, c'est donc chercher à respecter le plus possible la nature et l'environnement, pour permettre aux générations présentes et futures de perdurer dans les meilleures conditions possibles.

Le DF2 aborde les moyens pour accompagner et aider les personnes en situation de handicap, les notions de besoins, de santé, d'autonomie, de dépendance… La présence de la notion d'écologie au milieu de tous ces thèmes peut surprendre, interroger quant à la cohérence du module. Nous vous proposons de démontrer que cette organisation a un sens.

② Pratique professionnelle de l'AES

Quel sens prend la présence de l'être humain sur Terre ?

La réponse à cette question nous appartient !

Cependant tout professionnel ou bénévole accompagnant des personnes en perte d'autonomie et/ou en situation de handicap est à l'œuvre pour tenter d'y répondre. Or les valeurs qui les portent, telles que le respect des êtres humains, le respect de la vie et le partage, sont des dimensions écologiques. Certains individus se sentiront animés d'une grande ferveur pour la cause animale, d'autres s'impliqueront activement dans une fonction de gardiens de notre planète, et **la fonction d'AES trouve son sens dans le service à autrui**.

Aujourd'hui la question de l'avenir de notre planète est un sujet d'actualité brûlant et nos comportements sont des réponses à l'urgence de sa préservation. La responsabilité d'un avenir possible sur Terre appartient à chacun.

La pollution de l'air, de l'eau, des sols, les déchets… Personne ne peut ignorer l'urgence dans laquelle nous nous trouvons.

Les personnes accompagnées ont leur rôle à jouer et les AES sont amenés à les informer pour les sensibiliser sur ces questions. En plus d'adopter eux-mêmes des comportements responsables, ils doivent encourager une participation active dans ce domaine afin de permettre à ces personnes de faire leur part.

③ La pollution

A. La pollution atmosphérique

Les polluants proviennent essentiellement des rejets industriels et agricoles, de la circulation des bateaux, avions et voitures, des chauffages… Les gaz comme l'ozone, le dioxyde d'azote, le dioxyde de soufre, le dioxyde de carbone, les particules fines, la dioxine, sont présents dans l'atmosphère et produits en quantité suffisante pour être à l'origine d'effets mesurables sur la santé ou le confort des individus.

- Les problèmes liés à la pollution atmosphérique :
  - Dégradation de la qualité de l'air dans les villes.
  - Destruction de la couche d'ozone.
  - Réchauffement climatique.
- Les mesures contre la pollution atmosphérique :
  - Création de structures responsables.
  - Accords mondiaux, protocole de Kyoto.
  - Développement des énergies renouvelables.
  - Économies d'énergie.
  - Mise à disposition de transports en commun.
  - Mise en place d'un réseau de capteurs sensibles.
  - Campagnes de sensibilisation pour la modification de nos comportements.
- Les actions individuelles possibles :
  - Privilégier le vélo ou les transports en commun plutôt que la voiture.
  - Privilégier le train plutôt que l'avion.
  - Consommer moins de viande et acheter des produits locaux, qui n'ont pas voyagé.
  - Éviter d'utiliser des produits chimiques volatiles.
  - Trier ses déchets pour qu'ils soient recyclés et non brûlés.

B. La pollution de l'eau

La pollution de l'eau touche les rivières et les nappes phréatiques.

- Différents types de pollution de l'eau :
  - ◊ **La pollution chimique**. Elle est due à la présence de nitrates dans l'eau et son origine est essentiellement agricole (élevages intensifs). Les pesticides, herbicides, fongicides, insecticides, utilisés par les producteurs de céréales, mais aussi par les collectivités locales et par les particuliers, sont des causes de cette pollution.
  - ◊ **La pollution organique**. Elle est surtout provoquée par les déchets plastiques, qui ne se décomposent pas, et par les mégots de cigarettes.
  - ◊ **La pollution thermique**. Elle correspond à l'élévation de la température de certaines rivières et est causée principalement par les rejets des centrales thermiques et nucléaires.
  - ◊ **La pollution bactériologique**. Elle est la conséquence des rejets des déchets et des eaux usées, sans traitement, dans les rivières ou la mer.
- Les problèmes liés à la pollution de l'eau :
  - ◊ Impact sur la flore et la faune.
  - ◊ Conséquences sur notre santé.
- Les solutions :
  - ◊ Mise en place de structures responsables.
  - ◊ Lutte contre la pollution agricole.
  - ◊ Lutte contre la pollution industrielle.
  - ◊ Lutte contre la pollution domestique.

C. La pollution par les déchets

Un déchet est une substance ou un objet abandonné ou destiné à l'abandon par son propriétaire. S'il n'est pas biodégradable, il ne disparaît pas par lui-même et doit être brûlé, détruit ou recyclé. Sinon, il s'accumule, prend de la place et endommage l'écosystème. La société de consommation dans laquelle nous vivons aggrave le problème des déchets, car elle génère des **comportements d'achats excessifs** et encourage **l'accumulation d'objets** par chacun de nous.

Il existe différents types de déchets :

- les déchets solides ;
- les déchets liquides ;
- les déchets toxiques ;

- les déchets occasionnels ;
- les déchets agricoles ;
- les déchets industriels ;
- les déchets radioactifs.

Les déchets doivent être éliminés de la façon la moins polluante possible. Mais ils sont la plupart du temps transportés vers des centres d'incinération, pour y être brûlés. La France applique depuis quelques années le tri sélectif, le recyclage. Mais la meilleure manière de limiter la pollution générée par les déchets, et du même coup la pollution atmosphérique générée par la destruction de ces déchets, reste de produire et d'acheter moins de choses. L'interdiction progressive des sacs en plastique est une première piste pour éviter qu'ils ne se retrouvent dans la nature.

4 Responsabilité sociétale des entreprises (RSE) ou responsabilité sociétale des organisations (RSO)

Depuis quelques années, la responsabilité écologique est demandée au monde entrepreneurial. La législation encourage et incite les entreprises à penser leur activité professionnelle comme un engagement responsable des conséquences du service rendu. Cela revient notamment pour elles à débarrasser les chantiers, à trier les déchets, à utiliser des matériaux recyclés ou recyclables, à prévoir les quantités des matières premières pour éviter le gaspillage… La commission européenne définit en 2011 la RSE comme « la responsabilité des entreprises vis-à-vis des effets qu'elles exercent sur la société ». La législation établit des règles européennes, notamment la norme ISO 26000. Cette norme ajoute que, « pour définir le périmètre de sa responsabilité sociétale, identifier les domaines d'action pertinents et fixer ses priorités, il convient que l'organisation traite toutes les questions centrales suivantes :
- la gouvernance de l'organisation ;
- les droits de l'homme ;
- les relations et conditions de travail ;
- l'environnement ;
- la loyauté des pratiques ;
- les questions relatives aux consommateurs ;
- les communautés et le développement local ».

Aujourd'hui les acteurs des actions sociales et médico-sociales sont largement impliqués dans ce processus. Les secteurs du privé, le champ associatif, les domaines publics s'inscrivent dans des pratiques quotidiennes les engageant collectivement et individuellement dans cette urgence planétaire.

Les répercussions dans les établissements, services, organisations, institutions, des secteurs du social et du médico-social sont immenses et infinies. Elles impliquent des professionnels, des bénévoles, des personnes accompagnées, des volontaires, des adhérents, administrateurs associatifs… Tous œuvrent dans le même sens, avec pour objectif la préservation de notre planète et de tout ce qui s'y trouve.

Par ailleurs, l'élan est donné : la volonté de participer à ces changements inscrit tous ses participants à les mettre en pratique des actes. Pas de barrière dans les collaborations, la participation des personnes accompagnées est identique à celle des accompagnants. Grande perspective, « la gouvernance ».

Les AES peuvent proposer des participations à des groupes de réflexion sur la mise en place de ces dispositifs. Ils peuvent encourager les démarches individuelles quotidiennes, inclure des personnes dans la démarche engagée par l'institution… Il existe donc beaucoup de possibilités, y compris la création d'ateliers dédiés aux collaborations éco-planétaires, éco-responsables…

La RSE et la RSO invitent toutes les volontés à s'engager dans des actions respectueuses des valeurs humaines, et de l'environnement.

Fiche 33

Exclusion sociale

① Définition

Cette notion trouve son origine dans l'ouvrage de René Lenoir *Les exclus*, paru en 1974. Le concept de **retrait social** précède celui d'exclusion sociale en désignant une pauvreté économique et un isolement. La personne qui en souffre est privée de reconnaissance par la société, parce qu'elle ne travaille pas, parce qu'elle n'a pas accès à un logement ou à la culture, ou parce qu'elle est éloignée des pratiques sociales.

Une personne **auparavant bien intégrée** dans la société peut **basculer dans l'exclusion**, après un processus plus ou moins brutal de rupture de ses liens sociaux. Les enfants sont également concernés.

Les droits au travail, au logement, à la santé, sont garantis par l'État en France. L'absence d'accès à ces droits cause des dommages pour cinq catégories de personnes particulièrement exposées :

- les retraités ;
- les chômeurs ;
- les familles monoparentales ;
- les actifs ;
- les jeunes ayant – de 25 ans.

L'institut national de la statistique des études économiques (INSEE) a comptabilisé en 2016 **8 800 000 personnes** vivant **en dessous du seuil de pauvreté**, ce qui représente 14 % de la population française. Ce seuil est fixé à 885 € ou 1 026 € par mois pour une personne seule, selon les critères étudiés.

② Les principes de l'exclusion sociale

Certains spécialistes soulignent le caractère imprécis, mouvant, pluriel, du concept. On peut retenir pour mieux le comprendre les trois zones identifiées par le sociologue Robert CASTEL dans son ouvrage *Insécurité sociale : qu'est-ce qu'être protégé ?*, 2003.

Cet auteur insiste sur le caractère dynamique de l'exclusion sociale : le passage d'une zone à l'autre est parfaitement possible et peut être rapide. Il souligne l'intérêt des politiques préventives.

3 Les mécanismes de réinsertion

A. La politique de la ville

La politique de la ville est une politique de cohésion urbaine et de solidarité envers les quartiers défavorisés. Cette politique vise à diminuer les écarts de développement entre les différents quartiers de la ville, en cherchant à améliorer du mieux possible les conditions de vie de ses habitants.

B. Droit au logement opposable

La loi n° 2007-290 du 5 mars 2007 dite « **loi DALO** » est une aide de l'État permettant aux personnes reconnues prioritaires d'être relogées. Toute personne sans logement, menacée d'expulsion sans possibilité de relogement, logée dans des locaux insalubres ou en attente de logement locatif social depuis une durée anormalement longue peut bénéficier de ce droit. Il est opposable, ce qui signifie que la personne qui le détient peut l'opposer aux tiers, lesquels ne peuvent pas l'ignorer, et réclamer son respect en justice.

Source : www.servicepublic.fr

C. Centre d'hébergement et de réinsertion sociale (CHRS)

La FNARS est la Fédération nationale des associations d'accueil et de réinsertion sociale. Elle réunit des organisations comme la Croix-Rouge française, le Samu social, l'Armée du salut, le Mouvement Emmaüs, Secours Catholique…

70 % des Centres d'hébergement et de réinsertion sociale (CHRS) sont gérés par des associations. Les 30 % restants sont gérés par les collectivités locales.

Les lois se succèdent depuis le 19 novembre 1974, date de la création des CHRS : décret du 15 juin 1976, lois du 29 juillet 1998, du 3 juillet 2001 et du 2 janvier 2002. Le logement des personnes en situation de précarité est un problème ne parvenant pas à trouver sa solution.

D. Le droit à l'emploi

Le préambule de la Constitution du 27 octobre 1946, qui a toujours une force contraignante bien que le reste de la Constitution ait été abrogé, pose le principe fondamental selon lequel « chacun a le **devoir** de **travailler** et **le droit** d'obtenir un **emploi** ».

Voici quelques grandes lois à retenir :
- loi du 11 février 1950 SMIG (salaire minimum interprofessionnel garanti) ;
- ordonnance du 13 juillet 1967 créant l'ANPE ;
- loi du 2 janvier 1970 SMIC (salaire minimum interprofessionnel de croissance) ;
- loi du 1er décembre 1988 RMA (revenu minimum d'activité) ;
- loi du 18 décembre 2003 RMI (revenu minimum d'insertion) ;
- loi du 29 juillet 1998 lutte contre les exclusions ;
- loi du 1er décembre 2008 RSA (revenu de solidarité active).

E. Emploi et handicap

Le Ministère du Travail incite les entreprises et les administrations à employer des travailleurs handicapés. En effet, depuis 1987 une loi impose aux entreprises d'au moins 20 salariés d'employer 6 % de personnes en situation de handicap.

F. Droit à la santé

La couverture universelle de base a été remplacée par la Protection Universelle Maladie (PUMa) par la loi de financement de la sécurité sociale en 2016. Grâce à elle, toute personne qui travaille ou réside en France de manière régulière a droit à la prise en charge de ses dépenses de santé.

G. Droit à la citoyenneté

Chaque citoyen français bénéficie de différents droits, dont voici les principaux :
- les droits civiques : voter, se faire élire ;
- les droits civils : se marier, divorcer, fonder une famille ;
- le droit d'accès à la propriété ;
- le droit de circuler librement ;
- le droit de s'exprimer/penser (la liberté d'expression) ;
- le droit de pratiquer une religion ;
- le droit à l'instruction ;
- le droit à l'information ;
- le droit à la pétition ;
- le droit à être défendu ;
- l'égalité des droits ;
- le droit de ne pas être discriminé(e) ;
- le droit à la protection de l'État ;
- les droits aux conditions minimales d'existence ;
- les droits aux soins ;
- les droits aux aides sociales ;
- les droits au logement ;
- le droit au travail et au salaire minimum ;
- le droit d'être syndiqué, le droit de faire grève et de manifester.

PARTIE 3
Psychologie et psychopathologie

Psychologie : fiches 34 et 35
Psychopathologie : fiches 36 à 47

Fiche 34

Adolescence

La période de l'adolescence

Ce n'est plus l'enfance, ce n'est pas encore la maturité.

Changements auxquels l'adolescent est confronté	Les effets qu'ont ces changements sur l'adolescent
Des transformations corporelles (selon le sexe de l'adolescent)	Les changements physiques sont plus précoces chez les filles : développement des seins, élargissement du bassin, apparition de poils sur le pubis puis arrivée des premières règles. Chez les garçons, la puberté se traduit par une forte poussée de croissance, la mue de la voix, le développement de l'appareil génital et enfin, par l'apparition de poils sur le visage.
Des mutations profondes de ses désirs	– Désir d'autonomie – Découverte de soi et du monde – Pulsions sexuelles
Des changements intellectuels	L'adolescent développe sa capacité combinatoire, ses facultés de mémorisation et sa conscience de soi. Il aime l'abstraction, élargit le champ de ses idées et son positionnement moral (justice sociale, esthétique…).
Une évolution sur un plan affectif	– Immersion dans un groupe social – Complexification de ses relations avec les membres de sa famille et ses amis – Construction de son identité sexuelle – Recherche d'un partenaire amoureux

Changements auxquels l'adolescent est confronté	Les effets qu'ont ces changements sur l'adolescent
Un élargissement de ses perspectives d'avenir	– Construction de ses valeurs – Réflexion sur ses futurs choix professionnels et de vie – Élargissement de ses références, qui construiront son caractère d'adulte – Réalisation de projets que son autonomie rend de plus en plus personnels

L'adolescence est une période de **rupture douloureuse** avec le monde de **l'enfance**. L'adolescent extériorise cette douleur par des attitudes relationnelles hétérogènes, contradictoires, changeantes, conflictuelles, qui organisent progressivement la configuration psychique qui caractérisera l'adulte.

- **La rupture** avec le monde de l'enfance est la période de latence qui précède immédiatement la puberté.

  Sur le plan physique, le corps de l'adolescent se modifie à un rythme rapide. Il lui est difficile d'intégrer ces différentes transformations. On constate une perte des repères spatiaux que constituait la perception de son corps propre. L'adolescent a l'inquiétante impression passagère que son corps lui est devenu étranger, flou.

  Sur le plan relationnel, c'est la rupture avec les images parentales, avec les objets d'identification positifs, négatifs ou idéalisés (parents, copains, héros…) qui est difficile à accepter. C'est un véritable travail de deuil : l'adolescent doit se détacher des personnes influentes de son enfance, de ses anciens plaisirs, de ses objectifs antérieurs. Ce travail d'élaboration de soi est médiatisé par le groupe (ou la bande, la clique). Le groupe permet d'élaborer une conscience d'identité, en réunissant des personnes ayant des caractéristiques communes, mais également en leur permettant de se différencier des adultes. Cependant, le groupe peut également exercer une pression sur l'adolescent.

- **La dysharmonie** du développement est nette, les progrès ne sont pas synchrones dans les différents domaines (affectifs, physiques, intellectuels). Les conduites se révèlent de maturité inégale, ce qui crée parfois une incohérence entre les discours et les comportements de l'adolescent.

- **Le tumulte** a de nombreux signes, les plus significatifs étant la fréquence des contradictions, la mouvance dans l'identité, l'éventail des attitudes psychiques et des comportements qui rendent l'adolescent incompréhensible pour son entourage (impulsions créatrices, quête d'absolu, excès, prises de risques, fougue…). L'adolescence aboutira à un sentiment de soi remanié, agrandi et construit.

Adolescence et Covid-19

- Sylvie Tordjman, pédopsychiatre à Rennes, s'inquiète de la santé mentale des adolescents. Elle témoigne du fait que deux fois plus de jeunes patients sont accueillis aux urgences pédiatriques depuis l'apparition de la pandémie et des mesures de confinement. Ces adolescents présentent des crises suicidaires, et pour les moins de 16 ans on observe, pour la même période trois fois plus d'hospitalisations pour trouble anxieux avec somatisation (douleurs physiques inexpliquées)
  Le docteur Tordjman signale également une augmentation notable (quatre fois plus) de jeunes présentant des troubles du comportement alimentaire, particulièrement des anorexies.
  Ce constat alarmant se retrouve dans de nombreuses villes comme Paris, Nantes, Nice…
  Les passages à l'acte suicidaire sont le plus souvent violents et imprévisibles, sous forme de pendaisons et de défenestrations.
  L'anorexie présentée par la jeune fille est le plus souvent sévère, avec dénutrition et déshydratation justifiant une hospitalisation.
- Bien que les collégiens et les lycéens soient de nouveau scolarisés en présentiel, le confinement a initialement créé des inégalités en matière de suivi de la scolarité avec les outils numériques et l'enseignement à distance. Par ailleurs, ce « huis clos » a pu générer des violences intrafamiliales. Il convient également de noter la diminution voire l'arrêt des activités culturelles, sportives, sociales. Le confinement a induit une rupture dans les rythmes de vie, avec une incidence sur l'addiction aux écrans, la propension à l'inactivité et la perturbation des rythmes biologiques. Enfin, l'absence de perspectives et l'insécurité largement partagée par les adultes empêchent de nombreux adolescents de se projeter dans l'avenir.
- Quelles que soient les problématiques, nous le savons, l'adolescence est une période difficile et la Covid-19 a aggravé les situations. Beaucoup d'adolescents ont le sentiment d'être privés des moments les plus importants de leur vie en devant renoncer à la rencontre avec les autres et aux plaisirs caractéristiques de cette période de la vie.
  Il est important que ces jeunes disposent d'espaces de rencontres afin qu'ils obtiennent des réponses aux questions qu'ils se posent concernant la maladie, les moyens de prévention et tout autre aspect. Il est indispensable qu'ils soient entendus dans l'expression de leurs émotions et de leurs sentiments afin de rompre l'isolement et de prévenir une aggravation dramatique.

Fiche 35

Développement du nourrisson et de l'enfant

① Les premières capacités sensorielles

- **L'odorat** : le premier sens qui permet une discrimination, une reconnaissance de l'odeur maternelle parmi d'autres.
- **La vue** : le nouveau-né perçoit une lumière qui bouge.
- **L'ouïe** : quelques heures après la naissance, le nouveau-né réagit (rythme cardiaque) à un bruit fort.

② Le sommeil du bébé

Le bébé peut passer 17 à 20 heures par jour à dormir.

③ Le rapport poids/taille

Le rapport entre le poids et la taille a une grande importance : il est indicateur d'une croissance harmonieuse ou, au contraire, de problèmes d'alimentation ou de dysfonctionnements hormonaux à traiter.

A. La taille

- **Enfance**

L'enfant connaît une poussée de croissance importante entre 0 et 2 ans, puis de 10 à 12 ans. Il a, en règle générale, doublé sa taille de naissance à 5 ans. La taille de la fille est en moyenne légèrement supérieure à celle du garçon jusqu'à 10 ans.

- **Adolescence**

En période prépubère, la tendance s'inverse, et à l'adolescence la taille du garçon dépasse en moyenne celle de la fille. L'enfant a triplé sa taille de naissance autour de 15 ans.

B. Le poids

- À 1 an, l'enfant a triplé son poids de naissance. Il l'a quadruplé à 2 ans.
- L'augmentation moyenne de poids est de :
  - 1,8 kg à 2 kg par an entre 2 et 6 ans ;
  - 2 à 3 kg par an entre 6 et 10 ans ;
  - 4 à 10 kg par an jusqu'à l'adolescence.

④ Le développement psychomoteur

A. Les comportements réflexes

- **Réflexe de Moro** : étend les jambes, bras et doigts, tête en arrière, cambrure, à la suite d'un bruit violent ou d'un mouvement de chute → **acquis à 3 mois**.
- **Réflexe de Darwin** : ferme le poing très solidement sous l'effleurement de la paume de main, on peut le soulever avec cette seule prise → **acquis à 3 mois**.
- **Réflexe de Babinski** : met les orteils en éventail, le pied tourné vers l'intérieur, à la suite d'un frottement du pied → **acquis à 9 mois**.

B. Le développement de la marche

- Se tenir assis sans appui : **4 mois**
- Se tourner du dos vers le ventre : **à partir de 5 mois**
- Tenir debout sans appui : **à partir de 14 mois**
- Marcher sans aide : **vers 16 mois**
- Monter un escalier : **à partir de 17 mois**
- Monter et descendre un escalier : **24 mois**

⑤ L'entraînement à la propreté

Ces performances motrices indiquent une maturation neuromotrice :

- maîtrise des muscles sphinctériens ;
- capacité de comprendre l'attente des parents concernant l'acquisition de la propreté.

L'addition de cette maturation et de l'accès à une vie relationnelle est très souvent à l'origine des progrès réalisés pendant la petite enfance.

⑥ Le développement psychomoteur de l'enfant

- **À 3 ans** : acquisition de la coordination oculomotrice ou oculo-manuelle (par exemple, l'enfant mange seul avec ses couverts).
- **À 5 ans** : latéralisation, une main domine l'autre, en général la main droite.

Anomalies chromosomiques

① Définition

Une anomalie chromosomique est une altération d'un **chromosome** ou du **caryotype**, ce qui signifie que la personne qui en est atteinte peut avoir un chromosome en trop ou en moins, ou que l'un de ses chromosomes peut avoir un gène en trop ou en moins.

Les anomalies chromosomiques sont des causes fréquentes d'anomalies du développement embryo-fœtal et sont à l'origine de fausses couches.

② Catégories

On peut différencier 2 grands types d'anomalies chromosomiques :

Anomalies de nombre	Anomalies de structure
Les principales sont : • la trisomie 21 (la plus fréquente) ; • la trisomie 18 (peu viable) ; • la trisomie 13 (peu viable) ; • les trisomies sexuelles. Un caryotype normal a 23 paires de chromosomes, soit 46 chromosomes. La présence d'un chromosome supplémentaire sur une paire (la 21ᵉ, la 13ᵉ ou encore la 18ᵉ) signe la **trisomie**. Les trisomies peuvent également porter sur les chromosomes sexuels, que l'on appelle X ou Y. Elles sont très fréquentes mais n'ont pas nécessairement des conséquences handicapantes. Les **monosomies** (un chromosome en moins) sont rarement observées à la naissance car elles sont létales dans la grande majorité des cas. Une fille peut cependant naître avec un seul chromosome X. Elle sera alors atteinte du syndrome de Turner.	Ces anomalies résultent de la cassure d'un ou plusieurs chromosomes au cours du développement de l'embryon. La cassure est ensuite suivie d'un ou plusieurs recollements anormaux, qui donnent aux chromosomes des formes particulières. Il peut leur manquer un morceau de gènes, une partie peut avoir été dupliquée ou recollée à l'envers…

A. Dépistage chromosomique prénatal

Il concerne toutes les femmes enceintes, quels que soient leur âge et leurs antécédents, au cours du premier trimestre de la grossesse. Il est réalisé par l'étude combinée d'une échographie et des marqueurs biologiques.

B. Diagnostic prénatal des anomalies chromosomiques

Une analyse du caryotype fœtal est proposée aux parents à risque élevé, c'est-à-dire ayant un antécédent familial d'anomalie chromosomique ou dont l'échographie a mis en évidence une anomalie. L'accord des parents est systématiquement requis avant de commencer cette analyse.

Fiche 37

Concept d'attachement

① Définition

Depuis 1958 et à la suite des travaux de Harlow et du psychanalyste Bowlby, on conçoit le **besoin de contact corporel** et la **sécurité affective** comme une nécessité vitale.

Ces travaux sont partis du constat que les petits singes (macaques) sans mères choisissaient une peluche douce et chaude plutôt qu'un biberon lorsqu'on leur proposait les deux. Cette peluche, seul lien affectif auquel ils pouvaient prétendre, avait donc priorité sur la nourriture. Ces expériences ont prouvé que **satisfaire le besoin de manger** était **moins important** que **satisfaire le besoin d'être touché.**

Le **besoin d'attachement** est comblé par un contact charnel, chaleureux. Dans les années 1960, les travaux de Spitz, psychiatre, ont mis en évidence des perturbations somatiques et psychiques graves consécutives à une carence affective. On parle d'**hospitalisme.**

Les pratiques d'accompagnement ne peuvent ignorer la satisfaction des besoins affectifs et l'influence de l'interdépendance des êtres humains.

② L'attachement dans la construction de soi

Pour Bowlby, psychologue anglais référent de la théorie de l'attachement, l'instinct qui amène un bébé à rechercher sa mère n'est pas celui de l'alimentation, appelée « pulsion orale » chez Freud, mais plutôt un instinct de protection satisfaisant un besoin de sécurité à travers la relation à autrui, et notamment à sa figure d'attachement (le plus souvent sa mère).

Une des fonctions de l'attachement est de permettre à l'enfant de se sentir en sécurité afin de pouvoir partir à la découverte de ce qui l'entoure. Cela est très important pour le développement intellectuel et moteur du bébé, mais cela demeure également une constante dans la vie de l'adulte.

Lorsque les parents ou les adultes référents ne fournissent pas aux enfants une base sécure ou lorsque des enfants ont à souffrir de séparations, de multiples placements, d'absence d'adultes référents stables..., les enfants risquent de présenter des troubles plus ou moins sévères de l'attachement ayant des répercussions à l'âge adulte. Les neurosciences fournissent actuellement une approche neuro-développementale de l'attachement, montrant comment la structure même du cerveau est modelée par les interactions avec autrui, et tout particulièrement pendant les interactions précoces.

Nous pouvons repérer quelques-uns des symptômes présents à l'âge adulte comme :

- une recherche excessive d'attention ;
- une dépendance excessive à l'adulte et une propension à détruire le lien établi ;
- des relations conflictuelles avec les autres ;
- une tendance à la manipulation avec une recherche de satisfaction de ses propres intérêts,
- une certaine propension à dépasser les limites,
- des difficultés à reconnaître ses erreurs et une indifférence apparente aux sanctions ;
- une intolérance fréquente aux frustrations et aux attentes d'une personne faisant autorité ;
- une absence de confiance en soi et de l'indifférence voire de l'hostilité face aux compliments et aux récompenses ;
- une absence assez fréquente de curiosité intellectuelle, des difficultés d'adaptation, une résistance au changement, des difficultés à s'engager...

On peut noter également dans les relations sociales : conflits, agressivité, tendance au contrôle et à la maîtrise des situations, absence d'empathie et de respect d'autrui.

③ Pratique professionnelle

Chaque personnalité est singulière et complexe. On ne peut conseiller à l'AES que quelques modalités d'ajustement face à une personne souffrant de troubles de l'attachement comme :

- Intervenir rapidement auprès de l'enfant. Par exemple, lui indiquer comment il doit se comporter avec les autres, l'engager à la rencontre, soutenir sa capacité à s'insérer dans un groupe. Lui fixer des objectifs réalistes, se montrer ferme mais contenant et rassurant.

- Ne pas se laisser déstabiliser par les provocations. Rester calme, énoncer clairement les limites et les respecter, ne pas céder au chantage affectif, préserver à tout prix la relation.
- Privilégier les activités ou les jeux dans lesquels il n'y a pas trop de compétition ou d'interactions entre les différents partenaires.
- Éviter les félicitations et les commentaires qualitatifs mettant la personne en situation d'échec.
- Créer une certaine routine et veiller à la cohérence. Il est nécessaire de réaffirmer que l'agressivité, le mensonge, la manipulation ne sont pas acceptables.
- Fixer des limites claires face aux comportements attendus. Un ensemble de règles bien définies et stables sont aidantes
- Être disponible sur le plan émotionnel : encourager la personne à s'exprimer librement, valider ses émotions et faciliter leur expression.
- Communiquer de façon précise et claire.
- Adopter un comportement affectueux et congruent afin que la personne apprenne à vous faire confiance et à entretenir des relations saines…

Fiche 38

Déficiences

3 catégories de déficiences

Les déficiences intellectuelles

L'OMS définit la déficience intellectuelle comme « la capacité sensiblement réduite à comprendre une information nouvelle ou complexe, d'apprendre et d'appliquer de nouvelles compétences ».

Les déficiences motrices

Elles désignent une atteinte de la capacité du corps ou d'une partie du corps à se mouvoir ou à se maintenir dans une posture. Les causes des déficiences motrices sont très nombreuses et diverses.

Les déficiences sensorielles

Il s'agit d'une atteinte d'un ou plusieurs sens. On parle de **déficience visuelle** lorsque l'acuité ne dépasse pas 3/10 à l'œil le moins atteint et/ou lorsque le champ visuel est restreint. La **déficience auditive** est une atteinte de la transmission (oreille externe ou moyenne) ou de la perception (oreille interne, surdité plus profonde voire totale).

① Les causes des déficiences intellectuelles

A. Prénatales :

- génétique ;
- chromosomique ;
- métabolique ;
- infectieuse.

B. Périnatales :

- anoxie cérébrale ;
- hémorragies cérébro-méningée.

C. Postnatales :

- encéphalites ;
- maladies infectieuses ;
- traumatisme cérébral.

D. Carences graves de stimulation :

- troubles métaboliques ;
- épilepsie sévère ;
- syndrome de West et de Lennox Gastaut.

② Les causes des déficiences motrices

Les causes de ces déficiences sont très nombreuses ; seules quelques-unes d'entre elles sont listées ici et seront détaillées dans la fiche correspondante.

A. Les lésions cérébrales :

- l'infirmité motrice cérébrale (IMC) ou l'infirmité motrice d'origine cérébrale (IMOC) ;
- la sclérose en plaques ;
- la maladie de Parkinson ;
- le polyhandicap ;
- l'ataxie de Friedrich (héréditaire d'origine génétique) ;
- la maladie de Huntington.

B. Les lésions médullaires (moelle et neuromusculaire) :

- les myopathies (il en existe plus de 200 différentes) ;
- les séquelles de la *spina bifida* ;
- les paralysies (paraplégie, tétraplégie…) ;
- la sclérose latérale amyotrophique (SLA) ou maladie de Charcot.

③ Les causes des déficiences sensorielles

Une nouvelle fois, la liste proposée n'est pas exhaustive mais permet d'avoir une idée globale des causes possibles de certaines déficiences.

A. Les déficiences auditives

- **De transmission :** malformations ; prématurité ; anoxie cérébrale ; toxoplasmose contractée par la mère pendant la grossesse ; rubéole contractée par la mère pendant la grossesse ; traumatisme crânien ; perforation du tympan.
- **De perception :** génétique ; malformations ; infections comme oreillons ; exposition aux bruits ; hyperacousie ; vieillissement ; atteinte du nerf auditif ; hypoacousie ; causes toxiques (médicaments) ; sclérose en plaques.

La surdité irréversible nécessite des aides auditives : les **implants cochléaires**.

B. Les déficiences visuelles :

séquelles de la prématurité ; séquelles de la souffrance néonatale ; atrophie du nerf optique ; atteintes des voies optiques ; pathologie de la rétine ; déshydratation sévère chez le nourrisson ; traumatisme crânien ; décollement de la rétine ; traumatisme des globes oculaires ; cataracte ; glaucome ; rétinite pigmentaire ; amblyopie ; dégénérescence maculaire (DMLA) ; rétinopathies diabétiques.

On parle de **cécité** lorsque la vision binoculaire **corrigée** ne dépasse pas 1/20.

Déficiences intellectuelles

① Le diagnostic

La déficience intellectuelle est caractérisée par un **coefficient intellectuel** (QI) inférieur à 70 et s'illustre par un **comportement adaptatif** défaillant. Elle se manifeste avant l'âge de 18 ans.

Un test d'intelligence ne permet pas à lui seul de poser un diagnostic. Il doit être complété par des évaluations cliniques. On appréciera aussi le comportement adaptatif, c'est-à-dire la faculté à s'adapter à son environnement et à reproduire les pratiques enseignées pour la vie courante.

L'adaptation permet
- Autonomie
- Communication
- Socialisation

② Les catégories de déficiences intellectuelles

On évoque 4 catégories de déficience intellectuelle :

- **Déficience légère** : QI entre 55 et 75. La personne peut mener une vie autonome. Des aides ponctuelles peuvent être nécessaires. La scolarisation puis l'insertion professionnelle sont possibles et souhaitables. En France, la déficience intellectuelle légère touche entre 10 et 20 personnes sur 1 000.
- **Déficience moyenne** : QI entre 35 et 54. La personne peut communiquer et vit le plus souvent dans un milieu protégé. Elle peut travailler, en ESAT par exemple.
- **Déficience sévère** : QI entre 20 et 34. La personne vit dans un milieu protégé et n'emploie que quelques mots pour communiquer. Elle peut atteindre une très relative autonomie si elle est correctement stimulée mais la scolarisation n'est pas possible. Cela concerne 3 à 4 personnes sur 1 000 en France.
- **Déficience profonde** : QI en dessous de 20. La personne ne parle pas et le retard d'apprentissage est massif. L'atteinte intellectuelle est fréquemment associée à un retard du développement physique et sensoriel, et à des troubles neurologiques associés.

Fiche 40

Déficiences sensorielles

① Les déficiences auditives

A. Les déficiences auditives de transmission

Minoritaires, elles touchent l'oreille interne et moyenne. La transmission des sons vers l'oreille interne est entravée, ce qui affecte la perception des sons graves. Le son est d'intensité faible mais non distordu, et la surdité n'est jamais totale.

Les propositions de traitement :
- les prothèses à conduction osseuse ;
- l'appareil auditif ;
- les implants à ancrage osseux ;
- l'opération.

B. Les déficiences auditives de perception

Plus répandues, elles concernent l'oreille interne, le nerf auditif, les centres de l'audition. Ces surdités sont irréversibles, souvent sévères voire totales. Elles handicapent la perception des sons aigus et la bonne compréhension des mots.

Les propositions de traitement :
- les appareils auditifs ;
- les implants cochléaires.

C. Les surdités mixtes

Elles combinent des déficiences de perception et de transmission et touchent une ou les deux oreilles. Les sons peuvent être à la fois atténués et difficiles à comprendre.

② Les déficiences visuelles

A. Les différentes formes

Plusieurs façons de mal voir existent :

- **Vision floue** : la personne voit comme au travers d'un verre dépoli. Les contrastes et les reliefs sont mal perçus, les couleurs sont atténuées. La lumière forte est mal tolérée. Une cause peut être la cataracte.
- **Atteinte périphérique** : le champ visuel est rétréci, la personne voit comme au travers d'un tube, seulement ce qu'elle fixe et rien autour. Ce défaut de vision pose problème lors des déplacements. La cause peut être, par exemple, une rétinite pigmentaire.
- **Atteinte vision centrale** : il existe une tache sombre au centre de l'œil, mais la vision périphérique est un peu préservée. Ce peut être le symptôme de la dégénérescence maculaire liée à l'âge.

B. Quelques pathologies courantes

- **Rétinite pigmentaire :** dégénérescence progressive de la rétine d'origine génétique. On la rencontre chez l'enfant.
- **Amblyopie :** différence d'acuité visuelle entre les deux yeux. Il existe plusieurs formes d'amblyopie. Dépistage souhaité chez l'enfant.
- **Dégénérescence maculaire liée à l'âge (DMLA) :** maladie dégénérative de la rétine.
- **Rétinopathie diabétique :** atteinte des vaisseaux de l'œil et de la rétine pouvant mener à la cécité. Grave complication du diabète qui touche 50 % des personnes présentant un diabète de type II.

C. Le cas particulier du glaucome

Le glaucome est une maladie fréquente touchant près d'un million de personnes en France. Cette maladie se développe progressivement, d'abord sans signes cliniques évidents.

Les premiers symptômes sont une vision périphérique floue ou une vision soudainement et entièrement floue, qui se rétablit lentement. La personne qui en est atteinte se plaint également de douleurs fortes au niveau des yeux ou de maux de tête. Des nausées peuvent survenir, ainsi qu'un rougissement des yeux. Sans diagnostic, sans traitement, l'évolution du glaucome peut conduire à la cécité.

Le glaucome est dû à un excès de pression dans l'œil qui entraîne progressivement une altération puis la destruction du nerf optique. La mesure de la pression oculaire se fait avec un appareil projetant sur l'œil un petit souffle d'air.

Attention

La pression oculaire n'a rien à voir avec la tension artérielle. Cependant, l'hypertension artérielle peut retentir sur l'œil en fragilisant les vaisseaux, qui deviennent plus sensibles à une compression.
Souvent le glaucome est héréditaire, mais il arrive que l'on ne retrouve pas de contexte familial.
L'utilisation excessive ou non de sa vision ne provoque pas un glaucome.

Si la vue est abîmée par un glaucome, on peut éprouver des difficultés de lecture. Les yeux se fatiguent vite et il est difficile de se concentrer longtemps. Un simple repos suffit le plus souvent pour retrouver du confort, mais il est nécessaire de se protéger de la lumière du soleil ou de certaines sources de lumière LED, allogène…

Les collyres diminuent la pression oculaire mais ils n'agissent pas tous de la même manière. Lorsque vous serez AES, respectez scrupuleusement le traitement prescrit à la personne dont vous vous occupez et attendez au moins 15 minutes entre les applications de 2 collyres différents.

Fiche 41

Démences

① Définition

Le mot **démence** est un terme générique qui fait référence à plus de 100 formes de maladies affectant principalement le cerveau.

C'est un syndrome dans lequel on observe une dégradation progressive de la mémoire, du raisonnement, du comportement, de l'aptitude à réaliser des activités. **Ce n'est pas une composante normale du vieillissement.**

Les conséquences physiques, psychologiques, sociales, économiques sont lourdes pour l'intéressé et son entourage.

② Les principaux types de démences

Les principales démences sont :

A. La maladie d'Alzheimer

La plus connue. Elle est souvent évoquée à tort lorsqu'un diagnostic plus précis n'est pas posé. C'est une maladie neurodégénérative incurable, ce qui signifie que la personne qui en est atteinte perd progressivement ses neurones. Cela entraîne une diminution importante des capacités cognitives et physiques qui se traduit tout d'abord par une perte de mémoire. Cette pathologie provoque à plus ou moins long terme une forte dépendance.

B. La démence à corps de Lewy

C'est une accumulation anormale de protéines se développant dans les cellules nerveuses. Cette pathologie très lourde, qui touche aussi la mémoire et le raisonnement, déclenche des contractions musculaires intenses, des hallucinations, des sensations de déjà-vu, des chutes… Elle peut toucher les personnes déjà atteintes de la maladie de Parkinson et progresse très rapidement.

C. Les démences vasculaires

Elles sont causées par une diminution du flux sanguin entraînant la mort des cellules cérébrales.

D. Les démences fronto-temporales

Elles sont causées par une atrophie de certaines parties du cerveau. Le lobe frontal est le plus touché.

E. Les démences mixtes

Elles combinent la maladie d'Alzheimer et les démences vasculaires.

F. Les démences causées par des maladies affectant le cerveau, comme

- La maladie d'Huntington
- La maladie de Parkinson
- La maladie de Creutzfeldt Jacob

3 Les signes communs à ces maladies :

- perte graduelle de la mémoire ;
- tendance à se répéter ;
- perte des objets ;
- perte de repères temporo-spatiaux ;
- altération du jugement ;
- altération des capacités de raisonnement ;
- altération de la capacité à se concentrer ;
- propension à l'irritabilité ;
- anxiété ;
- agitation ;
- dépression ;
- difficultés à communiquer ;
- troubles du langage.

Maladies mentales

① Définition

« La personne malade est marquée par une perturbation de ses facultés mentales susceptible d'être guérie ou réduite au moyen d'une thérapie adaptée », selon l'UNAPEI, une fédération française d'associations de représentation et de défense des intérêts des personnes handicapées mentales et de leurs familles.

Les troubles peuvent être chroniques ou permanents et se caractérisent par des pensées, des perceptions, des émotions ou des comportements anormaux. La qualité de la relation à soi-même, aux autres, à l'environnement, se trouve altérée par la maladie mentale, qui vient révéler un « mal-être » de la personne.

Les 5 principales maladies à retenir

- Dépression
- Schizophrénie
- Troubles bipolaires
- Troubles de la personnalité
- Troubles obsessionnels compulsifs

② Symptômes généraux

Les symptômes de la maladie mentale sont plus ou moins intenses selon :
- le type de maladie ;
- la personnalité de la personne atteinte ;
- les relations avec la famille et l'entourage ;
- les facteurs sociaux et économiques.

Certains signes comportementaux peuvent être observés par l'AES :
- l'isolement ;
- la consommation excessive de tabac, d'alcool et de drogue ;
- l'arrêt des traitements en cours ;
- des difficultés d'organisation ;
- un manque de jugement, des bizarreries ;
- des troubles de la mémoire ;
- une fuite des obligations professionnelles, familiales ou sociales.

D'autres symptômes peuvent être exprimés par la personne :
- la perte d'appétit ;
- les nausées ;
- les troubles du sommeil ;
- la tristesse ;
- les difficultés de concentration.

③ Symptômes chez l'enfant

Les signes et symptômes de la maladie mentale peuvent être décelés précocement. Il est important de les reconnaître et d'intervenir tôt, en entamant des démarches pour permettre à l'enfant de consulter un psychiatre. Attention toutefois, un enfant peut présenter certains des signes ci-dessous sans pour autant être atteint de maladie mentale. Il demeure néanmoins primordial de ne jamais négliger les signes de souffrance d'un enfant.

Un AES doit donc être attentif aux points suivants :
- troubles de l'appétit, l'enfant ne s'alimente pas ou très peu ;
- difficultés à dormir ou sommeil trop fréquent ;
- perte d'énergie ;
- des maux de tête, maux de ventre, nausées ;
- des colères excessives, changements d'humeur, agressivité ;
- des résultats scolaires en baisse ;
- des difficultés d'apprentissage, difficultés de concentration ;
- un désintérêt, y compris pour les activités ludiques ;
- l'enfant se blesse volontairement, néglige son apparence, ou est obsédé par son poids.

Fiche 43

Narcissisme

① Définition

Le narcissisme est l'amour que l'on se porte à soi-même.

Le terme de narcissisme souffre d'une image négative, car très souvent ce que l'on retient de lui, ce sont **les déséquilibres narcissiques**. On entend souvent parler de « la personne narcissique » ou du « pervers narcissique ».

Dans la mythologie grecque, Narcisse est un jeune chasseur d'une très grande beauté. Un jour il aperçoit le reflet d'un visage dans l'eau et il en tombe éperdument amoureux. Il contemple avidement cette image, il tente de s'en saisir, puis comprend qu'il s'agit en réalité de lui-même. Ne pouvant atteindre l'objet de son amour, qui n'est autre que son reflet, il sombre dans le malheur et la frustration. Et à force de se pencher pour s'approcher de l'eau, il finit par tomber et se noyer. Ce mythe grec est le point de départ d'une réflexion sur l'amour que l'on se porte à soi-même.

Le déséquilibre narcissique est provoqué par **le manque d'amour que l'on se porte** aussi bien que par **l'amour que l'on se porte de manière excessive**.

② Le narcissisme dans la construction de soi

Freud conçoit le narcissisme comme un stade de l'évolution de la libido, que l'on peut définir comme une énergie motrice conjuguant l'attirance sexuelle pour autrui et la conservation de soi.

La théorie de Freud sur le narcissisme montre 2 phases :

- Le **narcissisme primaire**, qui concerne la capacité de l'enfant à s'aimer lui-même. Il a alors l'illusion de se suffire à lui-même et croit que ses désirs sont tout-puissants, impérieux.
- Le **narcissisme secondaire**, qui n'est atteint par l'enfant qu'une fois qu'il a commencé à s'intéresser aux autres et à faire d'eux des objets d'amour. Grâce à l'amour de soi, l'évolution vers l'amour des autres est possible.

Narcissisme primaire	Narcissisme secondaire
Un état précoce de l'enfant qui se prend lui-même comme objet d'amour.	Un amour de soi succédant à la découverte de l'extérieur et de l'amour des autres.

C'est parce que nous nous sommes **reconnus comme un être précieux** que nous pouvons ensuite **transposer** ce sentiment sur quelqu'un d'autre.

Les expériences de l'amour de soi puis de l'amour des autres aident également l'enfant à développer son **empathie**, sa capacité à comprendre les émotions des autres et à avoir des réponses émotionnelles adaptées. Puisqu'il sait ce qu'il ressent, il peut reconnaître chez autrui des signes qui évoquent les mêmes émotions.

Un **narcissisme sain** repose sur un équilibre entre l'investissement de soi et l'investissement des autres. Ce narcissisme est structurant et se compose de trois éléments complémentaires :

- l'amour de soi ;
- la confiance en soi ;
- l'estime de soi.

3 Pathologies liées au narcissisme

Il y a **narcissisme pathologique** lorsqu'il y a surinvestissement des « objets » extérieurs ou surinvestissement du « Moi ». Aujourd'hui on parle d'un **hypo-narcissisme** ou d'un **hypernarcissisme**. Ils apparaissent généralement à la fin de l'adolescence.

Une personne présentant un narcissisme excessif, hyper-narcissisme, pense que tout lui est dû ou s'attend à recevoir des marques de reconnaissance exagérées. Elle manque d'empathie, peine à se mettre à la place des autres qu'elle ne voit que comme des instruments utiles à son succès. Elle réclame un amour qu'elle pense mériter, mais n'aime que peu en retour. Son égo paraît surdimensionné, son comportement et ses propos sont hautains, et elle n'hésite pas à recourir à la manipulation et à la dissimulation.

À l'inverse, une personne souffrant d'un hypo-narcissisme se dévalorise toujours, n'est jamais satisfaite de ce qu'elle fait, même quand des critères objectifs lui sont présentés. Elle pense ne pas être digne d'être aimée et rejette les autres.

Certaines personnes peuvent également utiliser autrui pour compenser leur manque de confiance en elles. Elles sont habitées par la peur d'être incompétentes et se valorisent en se présentant comme humbles. Face à un auditoire novice, elles aiment se mettre en avant en employant un vocabulaire technique qu'elles savent trop complexe pour leurs interlocuteurs. Et puisqu'elles sont convaincues de ne pas être aimables, elles n'aiment pas en retour.

Les éléments pathologiques du narcissisme découleraient d'une **défaillance de l'estime de soi** (faille narcissique). L'AES et l'ensemble de l'équipe professionnelle ont un rôle à jouer face à une personne présentant un narcissisme pathologique. Ils interviennent sur la consolidation et la stabilisation des trois composantes d'un rapport sain à soi-même : l'amour de soi, la confiance en soi et l'estime de soi.

Les blessures narcissiques se « réparent », même dans une vie d'adulte !

Fiche 44

Polyhandicap

① Définition

Le **polyhandicap** est un handicap grave à expressions multiples associant toujours une déficience motrice à une déficience intellectuelle sévère ou profonde. Il entraine une restriction extrême de l'autonomie et des possibilités de perception, d'expression et de relation.

② Causes

- **50 % des causes sont prénatales** : malformations, embryopathies dont le cytomégalovirus et le VIH (virus du sida).
- **15 % des causes sont périnatales** : souffrances fœtales, une grande prématurité. Ce chiffre indique une nette amélioration depuis ces 30 dernières années.
- **5 % des causes sont post-natales** : traumatismes, arrêt cardiaque, anoxie cérébrale…
- **Dans 30 % des cas**, les causes sont inconnues.

Les soins et l'accompagnement viseront la vigilance médicale, le confort physique et le bien-être psychique. Une attention soutenue est requise auprès des familles, une collaboration étroite dans un travail équipe/famille.

③ Les manifestations

A. Déficience motrice

- infirmité motrice d'origine cérébrale (IMOC) ;
- spasticité (hypertonie musculaire) ;
- athétose (mouvements involontaires) ;
- ataxie, difficulté majeure de coordination des mouvements, impossibilité d'effectuer des gestes précis ;
- hypotonie souvent massive ;
- troubles associés : déformations évolutives du squelette, troubles digestifs parfois sévères, troubles de la déglutition, déficience sensorielle, épilepsie.

B. Déficience intellectuelle

- déficit dans les fonctions de raisonnement, la résolution de problème, la planification, la pensée abstraite, le jugement et les apprentissages académiques ;
- limitations du comportement adaptatif ;
- difficultés à se situer dans l'espace et le temps ;
- absence de langage, ou langage rudimentaire avec l'intention de communiquer ;
- attention sélective, accordage affectif ;
- difficultés d'apprentissage.

Cependant l'accompagnement éducatif personnalisé donne accès à différents types d'apprentissage comme :

- les codes relationnels et de communication ;
- l'éveil des sens et des mouvements…

C. Accompagnement de la personne polyhandicapée dans sa spécificité

Il faut offrir un accompagnement personnalisé et centré sur la capacité de la personne :

- Améliorer sa qualité de vie en la considérant comme une personne à part entière, actrice et citoyenne : ouvrir à la culture, aux loisirs, aux pratiques sportives adaptées, aux vacances dans un cadre de vie correspondant aux besoins de la personne, par exemple.
- Adopter une approche éthique dans le respect des droits, des choix, de l'intimité et des rythmes individuels : accompagner les grandes étapes de la vie selon l'âge, les transitions dans le parcours d'accompagnement, la dimension de la fin de vie…
- Accompagner les familles dans la prise en compte des spécificités de la personne polyhandicapée et le développement de ses capacités. Veiller à la place des familles et au soutien des aidants, par exemple.
- Contribuer à changer le regard de la société et des professionnels sur la personne polyhandicapée.

Fiche

45 Troubles du comportement alimentaire

Les troubles du comportement alimentaire (TCA) sont variés. Ils peuvent avoir le plus souvent un retentissement potentiellement grave sur la santé globale de la personne. Les TCA sont des maladies complexes, multifactorielles, dont les origines sont à la fois biologiques, psychologiques, sociales et environnementales. Des études montent que des facteurs génétiques et neurobiologiques jouent également un rôle dans leur apparition.

① L'anorexie

Du grec *anorexia* : diminution perte de l'appétit pouvant aboutir à une dénutrition sévère. Celle que nous évoquons ici est appelée **anorexie mentale ou psychogène.**

Elle se caractérise par une restriction alimentaire excessive pouvant aller jusqu'au refus de s'alimenter. Les principaux symptômes sont les suivants :

- Restriction volontaire des apports alimentaires énergétiques.
- Perte de poids importante avec un indice de masse corporelle trop bas par rapport à l'âge et au sexe.
- Distorsion de l'image corporelle. La personne se voit grosse malgré une maigreur souvent impressionnante.
- Aménorrhée (arrêt progressif des règles), l'anorexie mentale étant plus fréquemment observée chez les adolescentes.

Dans certains cas l'anorexie est associée des épisodes d'hyperphagie (ingestion disproportionnée d'aliments) pouvant être associés à des vomissements volontaires ou à l'utilisation de laxatifs.

La malnutrition causée par l'anorexie peut être également responsable de nombreux symptômes comme les troubles digestifs (constipation), l'arythmie cardiaque, le dysfonctionnement rénal… L'anorexie sévère peut conduire au décès.

② La boulimie et l'hyperphagie boulimique

La **boulimie** est caractérisée par des épisodes de consommation rapide d'aliments divers suivis le plus souvent de comportements compensatoires dans le but d'éliminer les calories ingérées : vomissements provoqués, prise de laxatifs, exercices physiques excessifs… Le poids est le plus souvent normal. Les personnes cachent leurs crises, rendant parfois le diagnostic difficile.

L'**hyperphagie boulimique** est un trouble compulsionnel ressemblant à la boulimie (absorption disproportionnée de nourriture et sentiment de perte de contrôle), mais elle n'est pas accompagnée de comportements compensatoires comme les vomissements.

L'hyperphagie est le plus souvent associée à une obésité. La sensation de satiété est altérée voire inexistante.

③ L'alimentation sélective

Cela regroupe les troubles d'alimentation sélective et d'évitement concernant principalement des enfants et des adolescents. Ces troubles se caractérisent par une sélectivité très forte vis-à-vis des aliments. Liée par exemple, à la texture, à la couleur, à l'odeur…, cette sélectivité a des répercussions négatives sur la santé comme un amaigrissement, une malnutrition, des carences… Cette alimentation sélective, bien que débutant dans l'enfance, peut se prolonger à l'âge adulte.

④ Le pica (ingestion de substances non comestibles)

Le pica est un trouble caractérisé par l'ingestion compulsive ou récurrente de substances qui ne sont pas des aliments, comme de la terre, des cailloux, du savon, du papier, du tissu…

Ces troubles se retrouvent le plus souvent chez des enfants et/ou des adolescents atteints par ailleurs de syndrome autistique ou de déficit intellectuel parfois sévère.

⑤ Le mérycisme (phénomène de rumination, c'est-à-dire de régurgitation et de mastication)

Le mérycisme est un trouble du comportement alimentaire rare. Il ne s'agit pas de vomissements ni de reflux gastro-œsophagien, mais d'une régurgitation volontaire d'aliments partiellement digérés. La régurgitation se fait sans effort, sans crampes gastriques apparentes. Ce syndrome survient surtout chez les personnes souffrant de déficit intellectuel comme chez certaines personnes polyhandicapées.

Fiche

46 Troubles déficitaires de l'attention et l'hyperactivité

① Définitions

Les troubles déficitaires de l'attention se caractérisent par la présence simultanée d'une inattention, d'une hyperactivité et d'une impulsivité à la fois envahissantes et persistantes, dans plusieurs situations (maison, école, travail, loisirs), qui ne sont pas dues à un autre trouble diagnostiqué. Ils se remarquent plus fréquemment chez l'enfant que chez l'adulte.

L'inattention : passer d'une chose à l'autre sans rien terminer, être facilement distrait par les bruits ambiants, les activités des autres, s'éparpiller, perdre ses affaires, tout oublier.

L'hyperactivité physique et psychique : ne pas tenir en place, être toujours en mouvement. Les enfants concernés gigotent, grimpent partout, courent au lieu de marcher ; ils sont très maladroits, ne peuvent à première vue pas faire un travail minutieux ou précis. Leur débit de paroles est constant, ils passent d'un sujet à l'autre, ils coupent la parole. La pensée est également désordonnée et vagabonde. Les idées s'entrechoquent sans pouvoir se fixer.

L'impulsivité : l'action précède toute réflexion, tout est précipité. Les réponses sont à côté, les interventions sont inappropriées ou intempestives (incapacité d'attendre son tour, de lever le doigt en classe pour parler). La prise de risques est souvent inconsidérée car l'enfant a de mauvaises facultés d'anticipation, ne perçoit pas bien les conséquences de ses actes. Il se met en danger, par exemple en traversant la route sans regarder. La prise de décisions irréfléchies peut ensuite handicaper sa vie d'adulte.

Les difficultés d'organisation : chez l'adulte, c'est l'incapacité à s'organiser dans le temps. Cela provoque des retards, la planification à long terme est impossible, le désordre est constant.

L'hyperactivité émotionnelle : la personne souffrant de troubles déficitaires de l'attention connaît des sautes d'humeur, peut avoir un caractère excessif dans l'expression de ses émotions. Chez les enfants, on peut observer une perméabilité à l'agitation des autres. On peut également relever une mauvaise estime de soi et une situation d'échec dans les apprentissages scolaires.

Les problèmes relationnels : les personnes souffrant de troubles déficitaires de l'attention sont identifiées par les autres comme fatigantes, ingérables, faisant des bêtises. Elles sont donc souvent rejetées par leur entourage. L'exclusion scolaire qui peut survenir majore la difficulté à établir des relations.

- **Chez l'enfant**, on constate de grandes difficultés d'intégration scolaire et un retard d'acquisition des apprentissages.
- **Chez l'adulte**, même si les signes s'atténuent, l'insertion socioprofessionnelle peut être compliquée.

② Pratique professionnelle

Une **prise en charge** s'impose, pour canaliser toute cette énergie dès la petite enfance. Il faut créer un environnement apaisant et contenant, en mettant par exemple en place un accompagnement personnalisé à l'école, avec une aide aux exercices et aux devoirs, des temps individuels.

Il est également recommandé d'éviter à ces enfants les situations de stress, la fatigue liée à un manque de sommeil, et de leur imposer une limite d'utilisation des écrans et des réseaux sociaux.

À l'inverse, il est conseillé de leur proposer des activités pour évacuer leur trop-plein d'énergie. La pratique de sports comme la danse, les arts martiaux ou l'équitation, maintient la concentration et le contrôle de soi.

Une prise en charge à la **médiation psychomotrice** est proposée aux jeunes enfants, en individuel, puis en petit groupe pour travailler son ajustement aux autres. Ce n'est qu'en dernier recours qu'un **traitement médicamenteux** est préconisé, en plus de tous les aménagements ci-dessus.

Fiche 47

Troubles du spectre autistique (TSA)

① Définition

Les **troubles du spectre autistique** se caractérisent essentiellement par les trois points suivants :

- altération qualitative des interactions sociales ;
- altération qualitative de la communication ;
- caractère restreint, répétitif et stéréotypé du comportement, des intérêts et des activités.

② Les signes

Ce trouble du développement débute avant 3 ans.

A. Altération des interactions sociales

- Incapacité à développer des relations interpersonnelles (dont le tableau extrême est le retrait autistique) ;
- mauvaise reconnaissance des signaux sociaux ou émotionnels ne permettant pas d'accéder à ce que les autres pensent ou ressentent ;
- manque de réactivité ou manque d'intérêt pour les autres (enfants qui ne tournent pas la tête à leur prénom, ne jouent pas avec les autres, ont tendance à s'isoler) ;
- fuite du regard et du contact.

B. Altération de la communication

- Absence du langage, ou s'il est présent, sans valeur de communication ;
- manque d'intention communicative et de réciprocité ;
- développement tardif du langage, qui reste concret. Le « je » est absent, l'accès au second degré est difficile (tout est pris à la lettre) ;
- communication non verbale pauvre en gestes ou en mimiques, pas d'accès à l'imitation, incapacité de « faire semblant ». Il arrive parfois que les gestes soient inadéquats.

C. Caractère restreint répétitif et stéréotypé du comportement

- Fascination pour des objets inhabituels ;
- activités pauvres et répétitives ;
- grand besoin de rituels ;
- besoin d'immuabilité, tout changement peut déclencher des crises d'angoisse disproportionnées, avec agressivité ou automutilation ;
- stéréotypies (gestes répétitifs, balancements) qui peuvent s'accentuer face au changement.

D. Autres signes

- Troubles psychomoteurs (coordination, troubles du tonus) ;
- compétences particulières, mémoire ou capacités visuo-spatiales très développées ;
- troubles sensoriels (hypo- ou hypersensibilité, recherche de stimulations sensorielles).

Les troubles du spectre autistique sont hétérogènes dans leur sévérité, leur évolution, l'âge de début et l'existence ou non de troubles associés.

3 Prise en charge

Les troubles du spectre autistique imposent un aménagement de la vie quotidienne. Ils sont reconnus comme **sources d'un handicap** par la loi du 11 février 2005.

Des modalités de prise en charge et des méthodes d'apprentissage différentes se côtoient et peuvent diviser les intervenants. Mais aucune technique n'est efficace à elle toute seule. C'est par l'association de différentes modalités et d'interventions au plus près des besoins de chacun que des résultats positifs peuvent apparaître.

La prise en charge doit être la plus précoce possible. Elle doit être individualisée et régulièrement réévaluée.

Trois domaines d'intervention concernent directement ou indirectement l'AES :

- **éducatif** avec l'objectif de rendre la personne le plus autonome possible ;
- **pédagogique** afin de lui permettre d'acquérir des apprentissages ;
- **thérapeutique** afin de prévenir d'autres troubles et maintenir sa santé mentale et physique.

PARTIE 4
Santé

Fiches 48 à 56

Fiche 48

Appareil cardio-vasculaire

① Composition de l'appareil cardio-vasculaire

L'appareil cardio-vasculaire peut est plus communément nommé « système sanguin ». Il fonctionne en circuit fermé et assure le **transport du sang**, du cœur vers les extrémités en passant par les différents organes, pour enfin revenir vers le cœur.

Ce système est constitué de **vaisseaux**, de **veines** et d'**artères**. Le sang assure la distribution de l'oxygène et des nutriments aux organes. Les artères et les artérioles constituent le réseau de « canalisation » permettant l'oxygénation, et les veines ramènent au cœur le sang, chargé de gaz carbonique. Quant aux capillaires, ils apportent le sang nécessaire à l'intérieur de chacun des organes.

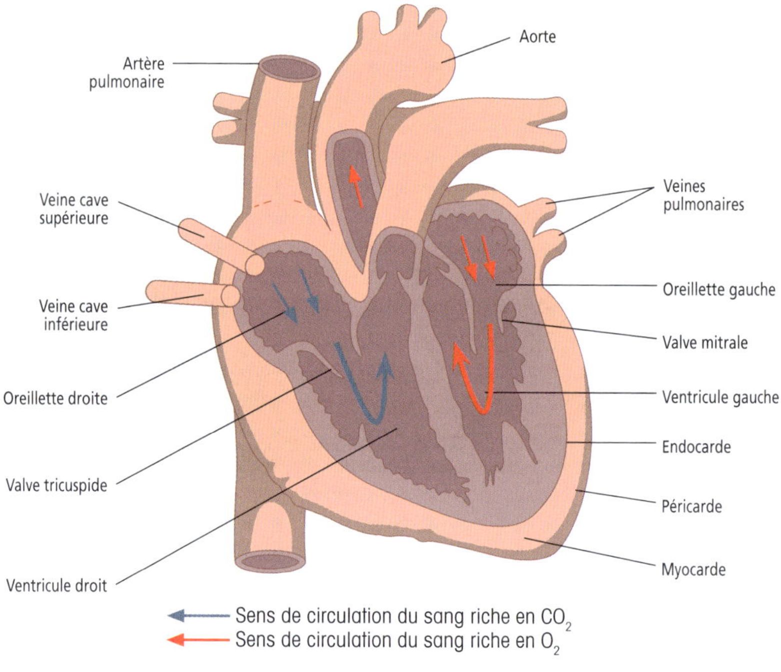

② Vocabulaire à connaître

AIT	Accident ischémique transitoire : baisse de la perfusion sanguine d'une partie du cerveau.
Anémie	Diminution des globules rouges dans le sang, accompagnée d'une fatigue, d'un rythme cardiaque accéléré, d'un essoufflement, de maux de tête, d'une pâleur...
Anévrisme	Dilatation d'une artère ou d'une paroi du cœur. La rupture de l'anévrisme entraîne une hémorragie avec risque de décès.
Angine de poitrine	Symptôme cardiaque caractérisant la maladie coronarienne. Signe de souffrance du myocarde par manque d'apport d'oxygène. Elle prend la forme d'une douleur siégeant dans la poitrine, derrière le sternum.
Angiographie	Radiographie des vaisseaux après injection d'un produit opaque.
Anticoagulant	Médicament qui empêche la coagulation du sang. Chez une personne sous anticoagulant, il est important de surveiller l'apparition de saignements, même discrets (nez, dents, selles...).
Aorte	Artère à la base du ventricule gauche, tronc commun des artères portant le sang oxygéné dans toutes les parties du corps.
Aphasie	Trouble ou perte de l'expression et de la compréhension du langage. Elle est causée par des dommages au cerveau, provoqués le plus souvent par un AVC.
Artère	Vaisseau conduisant le sang du cœur aux organes. Quelques artères importantes : Artère carotide : elle conduit le sang du cœur à la tête ; Artère cubitale : une artère de l'avant-bras ; Artère fémorale : artère de la cuisse ; Artère coronaire : l'artère du muscle cardiaque.
Artériographie	Radiographie des artères après injection d'un produit opaque.
Artériosclérose	Maladie caractérisée par la fabrication et le dépôt de plaques de graisse tapissant la paroi des artères.
Artérite	Inflammation des artères.

SANTÉ

Arythmie	Pouls irrégulier (rythme et amplitude).
A.V.C.	Accident vasculaire cérébral. Il survient suite à une obstruction ou à une rupture d'un vaisseau sanguin. Il provoque la mort des cellules nerveuses, qui sont privées d'oxygène, et constitue une urgence.
Bradycardie	Diminution du rythme cardiaque en dessous de 60 puls/min. Dans la majorité des cas, la prise en charge doit être immédiate.
Collapsus	Chute de la tension artérielle, pouls filant.
Défibrillateur	Appareil permettant de faire redémarrer l'activité cardiaque. Apprendre à s'en servir peut sauver des vies.
Embolie	Obstruction d'un vaisseau sanguin par un caillot ou un corps étranger (gaz). On parle d'embolie pulmonaire, cérébrale, rétinienne… Dans le cas d'une embolie cérébrale, le caillot se rend dans le cerveau et cause un infarctus cérébral ou un AIT.
Endocarde	Revêtement interne du cœur. Une endocardite est une inflammation de l'endocarde.
Holter cardiaque	Examen permettant l'enregistrement d'un électrocardiogramme grâce à un appareil portatif, que le patient porte généralement pendant 24 heures.
Hypertension	Augmentation de la tension artérielle. La personne peut présenter des maux de tête le matin sur le sommet ou l'arrière de la tête, des palpitations, une fatigue anormale, un étourdissement, des troubles visuels…
Hypotension	Diminution de la tension artérielle. La personne présente un étourdissement, une faiblesse physique, des nausées, une transpiration anormale, des troubles de la vision…
Infarctus	Altération d'un territoire, tissu ou viscère, suite à l'obstruction d'une artère. L'infarctus entraîne une mort tissulaire par manque d'irrigation. Il peut toucher le myocarde, les poumons, le mésentère (enveloppe de l'intestin grêle)…
Ischémie	Suppression de la circulation du sang dans une zone localisée.
Myocarde	Muscle du cœur. La myocardite est l'inflammation du myocarde.

Oreillette	Cavité du cœur recevant le sang des veines.
Péricarde	Enveloppe externe du cœur. La péricardite est l'inflammation de cette enveloppe.
Phlébite	Inflammation des veines. Elle est grave lorsqu'elle se complique par la migration d'un caillot.
Pouls	Battements cardiaques, que l'on peut compter par palpation des artères superficielles. Le rythme cardiaque normal est de 60 à 80 pulsations par minute.
Tension artérielle	Pression qu'exerce le sang lorsqu'il circule dans les artères. Elle s'exprime en deux chiffres : 1 minima et 1 maxima.
Thrombose	Formation de caillots dans les vaisseaux sanguins.
Veine	Vaisseau ramenant le sang vers le cœur.
Ventricule	Cavité du cœur dont les contractions envoient le sang dans les artères.

Fiche 49

Appareil digestif

① La composition de l'appareil digestif

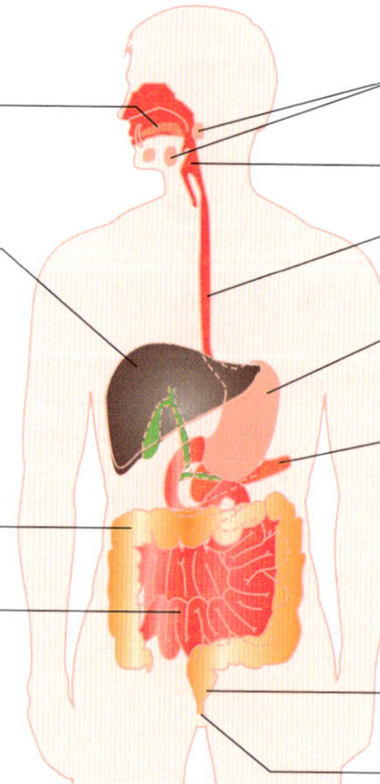

② L'organisation de l'appareil digestif

Organes/éléments digestifs	Fonctions	En savoir plus
La langue	Mastication Déglutition	La langue est aussi l'organe de la parole.
Les dents	Coupent Déchiquettent Broient	Les dents participent à la communication non verbale, à travers le sourire par exemple.
La salive	Facilite la digestion Protège les muqueuses buccales et les dents	

Organes/éléments digestifs	Fonctions	En savoir plus
Le pharynx	Carrefour aérodigestif	Le pharynx permet le passage de l'air et des aliments que l'on avale.
L'œsophage	Permet la progression des aliments	L'alternance de contractions et de relâchements de l'œsophage permet aux aliments de cheminer. Il est commandé par le système nerveux.
L'estomac	Digestion des aliments	La nourriture est stockée, broyée, malaxée, décomposée (chyme) et propulsée progressivement vers l'intestin grêle. L'estomac et l'intestin grêle sont reliés par le pylore.
L'intestin grêle	Absorption des éléments nutritifs (vitamines, minéraux…)	L'intestin échange vers le sang grâce aux replis de la paroi (villosité).
Côlon ou gros intestin	Élimine les déchets Absorbe l'eau Absorbe les vitamines restantes	Le côlon est situé dans le prolongement de l'intestin grêle et s'étend jusqu'à l'anus. Sa motricité permet le brassage et l'avancée des matières fécales. Le côlon peut être irritable, être le lieu d'une maladie cœliaque, connaître des troubles de la motricité…

③ L'appareil digestif dans le quotidien des AES

- Maintien d'une bonne hygiène bucco-dentaire : brossage quotidien des dents, nettoyage des prothèses, bains de bouche.
- Facilitation de la mastication et de la déglutition des personnes dans les situations d'aide aux repas.
- Attention portée à la qualité digestive des aliments (riches en fibres par exemple) et à l'absorption d'une quantité suffisante d'eau.
- Facilitation de la digestion en évitant la position horizontale après le repas (majoration du risque de reflux gastro-œsophagien).
- Surveillance de la présence de saignements (bouche, selles, vomissement…).

Fiche 50

Appareil génital

① Composition de l'appareil génital

L'appareil génital est constitué de tous les organes impliqués dans le processus de reproduction. Il comporte les **gonades**, c'est-à-dire les testicules ou les ovaires, les **canaux dérivés** (trompes, utérus et vagin chez la femme, prostate, canaux éjaculateurs, épididymes et canaux déférents chez l'homme) et les **organes génitaux externes**, qui sont la vulve ou le pénis.

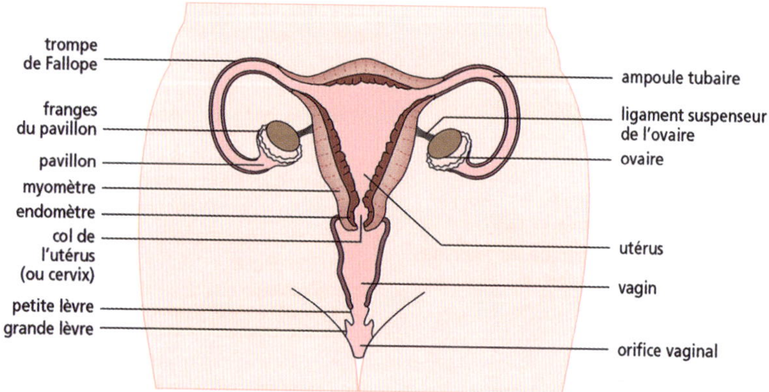

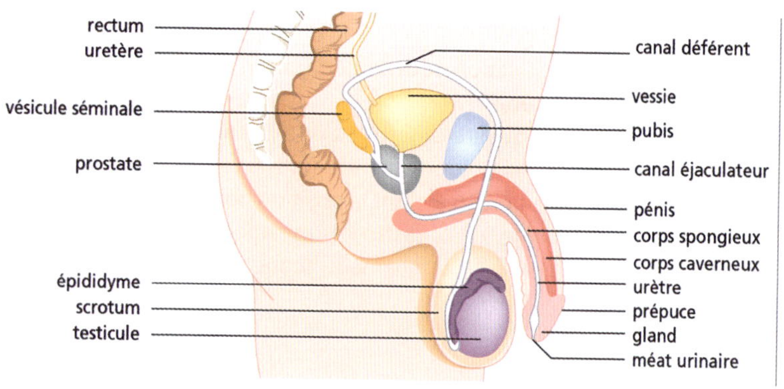

② Vocabulaire à connaître

Aménorrhée	Absence de règles chez une femme en âge de procréer.
Amniocentèse	Prélèvement du liquide amniotique par ponction à travers la parol de l'abdomen chez la femme enceinte. L'amniocentèse peut aider au diagnostic prénatal d'anomalies chromosomiques, de maladies héréditaires, d'infections...
Andropause	Diminution liée à l'âge de l'activité génitale masculine.
Blennorragie	Maladie vénérienne contagieuse, caractérisée par une inflammation de l'appareil génito-urinaire. Le germe responsable est le gonocoque.
Canaux déférents	Canaux de l'appareil reproducteur masculin conduisant le sperme des testicules à l'urètre.
Césarienne	Incision de l'abdomen et de l'utérus pour extraire le fœtus à la fin de la grossesse.
Chromosome	Élément cellulaire en forme de bâtonnet qui contient les gènes. Une cellule humaine comporte 23 paires de chromosomes, dont 2 chromosomes sexuels (XX chez la femme, XY chez l'homme).
Clitoris	Organe érectile de la vulve. Il comporte une petite partie visible au-dessus des lèvres et se prolonge par deux racines de 10 cm entourant le vagin.
Cycle menstruel	Cycle de 28 jours au cours duquel le corps de la femme se prépare à la fécondation. Si aucun embryon ne se forme, le cycle se termine par des saignements (les règles).
Dysménorrhée	Règles douloureuses.
Embryon	Organisme en voie de développement dans l'utérus de la mère. On parle d'embryon dès l'apparition de la 1re cellule (fusion du spermatozoïde et de l'ovocyte) et pendant les 8 premières semaines de la grossesse. L'embryon devient ensuite un fœtus.
Endomètre	Muqueuse interne de la cavité utérine (la partie centrale de l'utérus). Elle s'épaissit et se vascularise à chaque cycle menstruel pour pouvoir accueillir un embryon lors de la nidation.
Endométriose	Présence anormale de muqueuse utérine (endomètre) en dehors de la cavité utérine. Les règles sont abondantes et douloureuses, ce qui génère une incapacité qui peut durer plusieurs jours. La maladie peut avoir un impact sur la fertilité.

Fécondation	Rencontre du spermatozoïde et de l'ovocyte, dont la fusion est la première étape du développement de l'embryon.
Frottis vaginaux	Prélèvements cellulaires vaginaux réalisés à l'aide d'une petite spatule et d'une brosse, pour le dépistage du cancer du col de l'utérus ou d'une infection.
Gamète	Nom masculin. Cellule sexuelle (spermatozoïde ou ovocyte).
Gestation	Période entre la fécondation et la naissance.
Gonades	Glandes sexuelles qui produisent les gamètes. Les ovaires produisent donc les ovocytes chez la femme, tandis que les testicules produisent les spermatozoïdes chez l'homme.
Hystérectomie	Ablation totale ou partielle de l'utérus.
Lèvres	Replis cutanés de l'appareil génital féminin. Elles sont divisées en grandes lèvres et petites lèvres.
Mammectomie	Ablation de la glande mammaire, qui sécrète le lait.
Mammographie	Examen radiologique des seins, complémentaire de la palpation. Ensemble, ils permettent de dépister un cancer.
Ménopause	Arrêt définitif des menstruations, c'est-à-dire des règles, ainsi que de l'ovulation. Les hormones sexuelles (œstrogènes et progestérone) ne sont plus sécrétées. La ménopause correspond à la fin de la période reproductive de la femme.
Menstruation	Synonyme de règles. Écoulement de sang par le vagin à la fin de chaque cycle menstruel.
Nullipare	Femme n'ayant jamais eu d'accouchement.
Nulligeste	Femme n'ayant jamais eu de grossesse.
Obstétrique	Branche de la médecine qui concerne la grossesse et l'accouchement. L'obstétrique se distingue de la gynécologie, qui concerne l'appareil génital féminin. Un gynécologue n'est pas nécessairement obstétricien.
Orchite	Inflammation d'un ou deux testicules avec baisse de la fertilité, voire risque de stérilité.
Ovulation	Expulsion de l'ovocyte par l'ovaire.

Fiche 51

Appareil respiratoire

① La composition de l'appareil respiratoire

L'ensemble des organes permettant la respiration est appelé le système respiratoire. Le rôle de l'appareil respiratoire est de fournir de l'oxygène (O_2) au sang et d'en rejeter le gaz carbonique (CO_2).

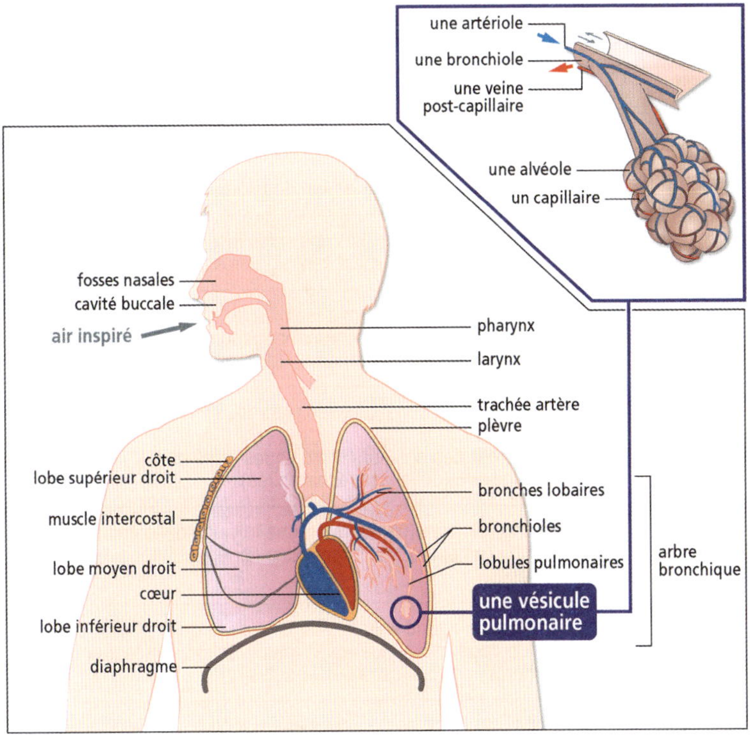

SANTÉ

② Vocabulaire à connaître

Anoxie	Diminution d'oxygène au niveau des tissus, se manifeste par une coloration bleue de la peau : cyanose. L'anoxie cérébrale est susceptible d'entraîner de graves lésions, parfois irréversibles.
Apnée	Arrêt momentané de la respiration provoquant une anoxie. Dans l'apnée du sommeil, la respiration s'arrête pendant quelques secondes. Le stress subi à chaque apnée par le cerveau et le cœur peut entraîner des complications : HTA, maladies cardio-vasculaires, AVC, diabète…
Asphyxie	Arrêt ou ralentissement de la respiration, causé par exemple par une fausse route alimentaire.
Emphysème	Dilatation excessive et permanente des alvéoles pulmonaires. Déstructuration des parois des alvéoles. Les signes cliniques sont l'essoufflement, l'oppression thoracique, les toux chroniques, la respiration rapide et superficielle, la fatigue.
Épistaxis	Saignement du nez. Il cesse par compression de la narine, la tête penchée vers l'avant.
Expectoration	Rejet par la bouche des mucosités des voies respiratoires au cours de la toux. Leur abondance, leur aspect, renseignent sur l'état de santé.
Hémoptysie	Expectoration de sang provenant des voies respiratoires. La cause peut être une infection bronchopulmonaire, un cancer, une dilatation des bronches, une embolie pulmonaire…
Hémothorax	Accumulation de sang dans la cavité pleurale, entre la cage thoracique et le poumon. Il se manifeste par des douleurs thoraciques (côté affecté), une toux sèche, une dyspnée (difficultés respiratoires).
Embolie pulmonaire	Caillot de sang, généralement formé dans la veine de la cuisse ou de la jambe (phlébite), qui migre dans l'artère pulmonaire. Risque de décès.
Pleurésie	Épanchement d'un liquide entre les deux feuillets de la plèvre (entre les poumons et la cage thoracique) avec inflammation, douleurs aigües au niveau du thorax, parfois jusqu'aux épaules.
Pneumothorax	Épanchement d'air dans les poumons et passage brutal de cet air entre les feuillets de la plèvre. Les symptômes prennent la forme de douleurs, d'un essoufflement, d'une dyspnée, d'une accélération du rythme cardiaque, d'une tachycardie et d'une cyanose.

Fiche 52

Appareil urinaire

① Composition de l'appareil urinaire

L'appareil urinaire a pour fonction d'expulser les déchets du corps humain, transportés par le sang, sous forme liquide. Pour cela, il fabrique, stocke puis élimine l'**urine**. Il regroupe les **reins**, les **uretères**, la **vessie**, l'**urètre** et le **méat urinaire**. Chez la femme, l'appareil urinaire est clairement distinct de l'appareil génital, tandis que chez l'homme, l'urètre sert à évacuer à la fois l'urine et le sperme.

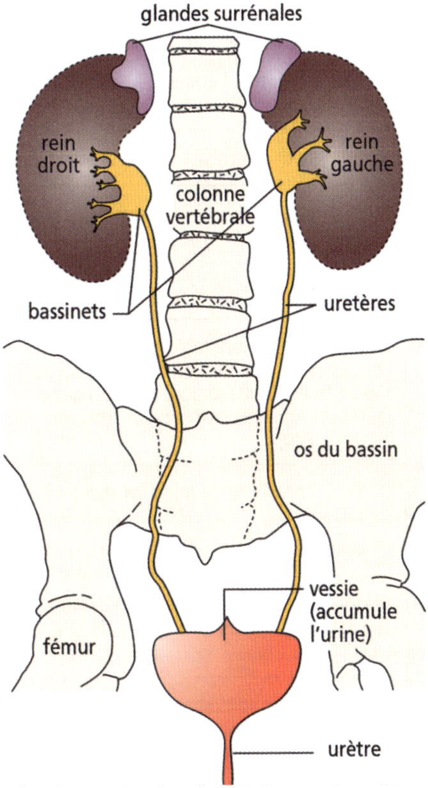

SANTÉ

② Vocabulaire à connaître

Anurie	Absence totale d'élimination d'urine. Elle résulte le plus souvent d'une insuffisance rénale et constitue une urgence médicale. Les symptômes sont des nausées, des vomissements, des douleurs lombaires, un œdème (avec prise de poids), de l'hypertension artérielle, des maux de tête.
Coliques néphrétiques	Migration de calculs (cristaux durs qui se forment dans les reins) dans les voies urinaires, entraînant des douleurs brutales et intenses dans le bas du dos. Du sang peut être présent dans les urines et des vomissements peuvent subvenir.
Cystite	Inflammation de la vessie qui se traduit le plus souvent par des brûlures au moment de la miction et une envie très fréquente d'uriner, parfois par des fuites urinaires et par une présence de sang dans les urines. La cystite est plus fréquente et souvent moins grave chez la femme que chez l'homme. Elle se traite par antibiotiques.
Diurèse	Volume d'urines émises pendant 24 heures.
Diurétique	Médicaments ou aliments permettant l'augmentation de la sécrétion d'urine.
Dysurie	Difficultés à uriner.
ECBU	Examen cytobactériologique des urines. On recherche des cellules (cyto) et des bactéries (bactério). L'examen est pratiqué pour mettre en évidence le(s) germe(s) responsable(s) d'une infection urinaire et adapter l'antibiothérapie.
Énurésies	Survenue nocturne de mictions involontaires et inconscientes.
Globe vésical	Vessie pleine, lors d'une rétention d'urine.
Glycosurie	Présence de sucre dans les urines dans le cas d'un diabète. Elle est liée à un taux trop élevé de glucose dans le sang (glycémie).
Hématurie	Présence de sang dans les urines.
Incontinence	Se traduit par une perte involontaire d'urine et/ou de selles.

Lithiase	Calcul urinaire ou biliaire.
Miction	Action d'uriner.
Oligurie	Diminution de la quantité d'urine émise, qui indique une trop faible absorption de boissons.
Rein artificiel	Appareil permettant l'épuration du sang à la place d'un rein défaillant. La dialyse, c'est-à-dire le procédé par lequel le rein artificiel débarrasse le sang des déchets et de l'eau, concerne les personnes souffrant d'une insuffisance rénale, parfois dans l'attente d'une greffe de rein(s).
Rétention urinaire	Impossibilité d'évacuer l'urine contenue dans la vessie.
Sondage vésical	Recueil d'urine par l'urètre à l'aide d'une sonde.

Fiche 53

Diabète

① Définition

Le **diabète** est une maladie incurable qui survient lorsque l'organisme ne parvient pas à utiliser convenablement le sucre (glucose), qui est un carburant indispensable à son fonctionnement. Le glucose, mal absorbé par les cellules, s'accumule alors dans le sang et est ensuite déversé dans l'urine. Cette concentration anormalement élevée dans le sang se nomme **hyperglycémie**. À la longue, elle peut entraîner des complications aux yeux, aux reins, au cœur et aux vaisseaux sanguins.

② Les différents types de diabètes

Types de diabète	Causes/généralités	Symptômes	Complications possibles
Diabète de type I	Apparaît pendant l'enfance, l'adolescence ou chez les jeunes adultes. Maladie auto-immune du pancréas, qui fabrique peu voire pas d'**insuline**. L'insuline est l'hormone qui permet au glucose d'entrer dans les cellules.	D'abord asymptomatique, puis soif importante, urines abondantes, amaigrissement et fatigue générale.	– Hypoglycémie – Hyperglycémie – Comas – Maladies cardio-vasculaires – Atteinte de la vision – Insuffisance rénale – A.V.C. – Atteintes des pieds (blessures, gangrène) – Fragilité pulmonaire

Types de diabète	Causes/généralités	Symptômes	Complications possibles
Diabète de type II	Le plus fréquent, a atteint le stade d'épidémie mondiale. Chez l'adulte en surcharge pondérale ; atteinte de plus en plus fréquente chez les enfants et les adolescents également en surcharge pondérale. Plusieurs facteurs de risques : – l'hérédité ; – l'obésité ; – le tabagisme ; – l'hypertension.	Hyperglycémie chronique, le plus souvent asymptomatique. Il peut aboutir à une soif importante, un besoin fréquent d'uriner, une vision trouble, une moins bonne résistance aux infections.	– Coma diabétique – Atteinte visuelle – Atteinte des nerfs – Atteinte des reins – Atteintes cardio-vasculaires – Affections cutanées
Diabète gestationnel	Apparaît chez la femme enceinte, au 2e ou 3e trimestre de la grossesse. La grossesse est par nature diabétogène car elle déclenche une résistance à l'insuline. Les risques sont augmentés par : – l'obésité ; – les antécédents familiaux ; – la grossesse tardive.	Urines très abondantes, soif intense, fatigue inhabituelle, perte ou prise de poids importante et rapide.	Pour la mère : – Prééclampsie – Développement d'un diabète de type II Pour l'enfant : – Hypoglycémie – Macrosomie – Détresse respiratoire – Développement d'un diabète de type II

③ Éducation thérapeutique de la personne diabétique

C'est un volet fondamental de la prise en charge de tout patient diabétique, qui doit être mis en œuvre rapidement après le diagnostic posé. Elle a pour objectif d'aider les personnes concernées à vivre au mieux avec leur maladie.

La pratique doit être personnalisée selon les besoins de chacun (approche pluridisciplinaire) pour permettre d'acquérir des connaissances et des compétences afin de devenir acteur de sa santé :

- Utiliser l'ensemble des techniques et des moyens mis à disposition pour suivre et traiter la maladie : surveillance pluriquotidienne de la glycémie et ajustement des doses d'insuline, par exemple.
- Connaître et appliquer les règles hygiéno-diététiques et d'hygiène de vie.
- Concevoir ses propres repas en respectant les recommandations de son médecin nutritionniste et pratiquer une activité physique régulière.
- Utiliser les mesures préventives à adopter : prévention de l'hypoglycémie par exemple.
- Reconnaître une aggravation et savoir réagir de manière adéquate.
- Prévenir et où résoudre les difficultés du quotidien afin de vivre au mieux avec sa maladie.

Il est important, par exemple, de penser :

- aux soins quotidiens des pieds ;
- aux soins dentaires ;
- à la surveillance médicale régulière…

Fiche 54

Épilepsie

① Définition

L'épilepsie se caractérise par des décharges d'influx nerveux anormaux dans le cerveau. Cela déclenche des crises, brèves et intenses.

600 000 personnes en France sont concernées.

La moitié de ces personnes ont moins de 20 ans.

On compte 60 millions de personnes épileptiques dans le monde.

Chaque syndrome (un syndrome est une association de plusieurs symptômes) épileptique peut se manifester par une **grande variété de symptômes** et peut s'accompagner de troubles de l'humeur, de troubles du sommeil et de troubles de la cognition avec plus précisément des difficultés à mémoriser, raisonner, apprendre, se concentrer etc.

② Différents types de crises

A. Crises généralisées

- **pertes de connaissance et absence de souvenirs des crises ;**
- **troubles moteurs :**

– contractures ;
– secousses, contractions musculaires : on parle de **clonies** ;
– absence de tonus : on parle d'**atonie** ;
– crises **tonico-cloniques** généralisées, qui étaient autrefois appelées « grand mal » : elles commencent par une chute avec une perte de connaissance, les membres se raidissent, les yeux se révulsent, des tremblements parcourent le corps, la respiration se bloque ;
– les « **absences** » qui étaient autrefois appelées « petit mal » : la conscience est suspendue ou altérée pendant 5 à 30 secondes dans les cas les plus graves.

SANTÉ

B. Crises partielles ou crises focales

- **pas de perte de connaissance ;**
- **fourmillements ;**
- **hallucinations visuelles et auditives ;**
- **gestes automatiques ;**
- **douleurs ;**
- **apnée, tachycardie ;**
- **troubles du langage ;**
- **troubles de la mémoire.**

La décharge électrique touche une partie du cerveau (sensitive, auditive, visuelle…). Dans les crises focales ou partielles, les symptômes sont très nombreux et variés. La conscience est parfois altérée et lorsque la crise se prolonge, elle peut entraîner une **crise généralisée secondaire**. Les symptômes varient selon la zone du cerveau touchée par la décharge.

3 Que faire en cas de crise ?

- Dégager l'espace autour de la personne.
- Protéger sa tête (coussin ou vêtement replié).
- Desserrer les vêtements (ceinture, col de chemise…).
- Enlever les lunettes lorsque la personne en porte.
- Mettre la personne en position latérale de sécurité dès que possible.
- Garder son calme, noter la durée de la crise et observer le type de mouvements.
- Ne pas entraver les mouvements de la personne.
- Ne pas introduire d'objets dans la bouche, encore moins les doigts.
- À la reprise progressive de conscience, ne rien donner à boire, parler calmement à la personne en expliquant ce qui s'est passé, laisser celle-ci récupérer en sachant qu'elle peut être confuse.
- Appeler les secours si la crise dure plus de cinq minutes, si une deuxième crise survient ou si la personne s'est blessée : SAMU 15, pompiers 18 ou 112.

Si vous voulez en savoir plus : www.epilepsie-france.com.

Fiche 55

Systèmes nerveux

① La composition du système nerveux

Le système nerveux est le centre de traitement des informations. C'est le siège des pensées, de la conscience, des émotions, de la mémoire, de la perception, etc. On distingue **le système nerveux central**, composé de l'encéphale (cerveau, cervelet et tronc cérébral) et de la moelle épinière, **le système nerveux périphérique**, constitué des nerfs crâniens et rachidiens (c'est-à-dire qui partent de la moelle épinière), et **le système nerveux végétatif**, composé d'une série de ganglions et de fibres nerveuses.

Le cerveau comprend deux **hémisphères**, un droit et un gauche, divisés en plusieurs lobes :

- frontal : la motricité volontaire ;
- pariétal : le toucher ;
- temporal : l'ouïe ;
- occipital : la vue.

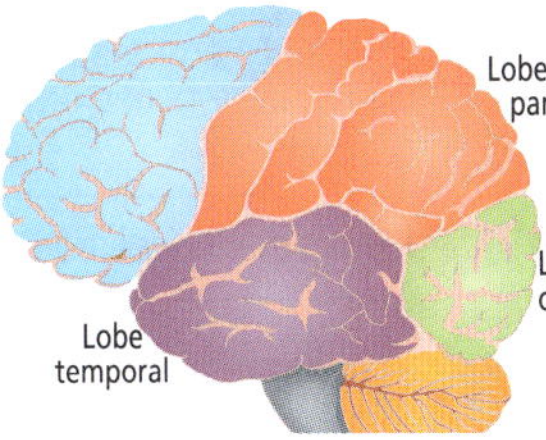

② Vocabulaire à connaître

Agitation	Désordre moteur et psychomoteur, associé à une exaltation psychique provoquant un état d'excitation avec une fréquente agressivité.
Algie	Douleur diffuse, difficile à localiser, qui n'est pas toujours communiquée par le langage. Ne pas la négliger.
Amnésie	Perte totale ou partielle de la mémoire. Les causes les plus fréquentes sont les maladies neurodégénératives, les traumatismes crâniens, la maladie d'Alzheimer, les tumeurs cérébrales, les séquelles d'un AVC et l'anoxie cérébrale.
Antalgique	Qui agit contre la douleur. Cela ne se limite pas aux médicaments. Une position antalgique est par exemple une position choisie par la personne souffrante afin de diminuer la douleur.
Aphasie	Trouble de la communication pouvant se manifester dans l'expression et/ou la compréhension orale ou écrite (langage, lecture, écriture). Impossibilité de traduire une pensée par la parole. Elle est causée par un dommage au cerveau, provoqué dans la majorité des cas par un accident vasculaire cérébral (AVC).

Asthénie	Symptôme fréquent, elle est communément appelée fatigue anormale lorsqu'elle dure malgré le repos.
Céphalée	Maux de tête. C'est un symptôme fréquent, le plus souvent passager et sans gravité. Il peut parfois traduire une maladie sous-jacente. C'est une affection du système nerveux parmi les plus répandues.
Cerveau	Situé au-dessus du cervelet et du tronc cérébral. Il comprend 2 hémisphères cérébraux.
Cervelet	Centre nerveux régulateur de la fonction motrice au sens large (mouvement + posture + équilibre).
Coma	Perte de connaissance. Abolition de la conscience et de la vigilance. Non réversible par stimulations, témoigne d'un dysfonctionnement cérébral sévère. Stade 1 : coma vigil, la personne réagit à la douleur. Stade 2 : coma léger, les réponses sont inadaptées aux stimulations douloureuses sans troubles neurovégétatifs. Stade 3 : coma profond avec troubles neurovégétatifs. Stade 4 : coma dépassé, mort cérébrale. Un prélèvement d'organes peut être envisagé sur un patient en état de mort cérébrale.
Comitialité	Épilepsie. Crises convulsives avec perte de connaissance.
Convulsion	Contractions (spasmes) violentes, involontaires, d'un ou plusieurs muscles d'un ou plusieurs membres, voire de tout le corps.
Démence	Détérioration des fonctions intellectuelles. Terme générique faisant référence à plus de 100 formes de maladies différentes, dans lesquelles la pensée, la mémoire, l'orientation, le langage, sont perturbés. La maladie d'Alzheimer est la plus connue et la plus fréquente.
EEG	Électroencéphalogramme. Tracé électrique traduisant l'activité cérébrale.
Encéphale	Signifie littéralement « dans la tête ». Le terme désigne le système nerveux central contenu à l'intérieur de la boîte crânienne.
Encéphalite	Inflammation de l'encéphale, du cerveau, du tronc cérébral et/ou du cervelet. C'est une inflammation aiguë du cerveau qui résulte le plus souvent d'une infection virale.
Épilepsie	Le terme d'épilepsie recouvre plusieurs maladies neurologiques ayant pour point commun la répétition de crises (tracé EEG perturbé).
Hémiplégie	Paralysie de la moitié du corps (droite ou gauche).

Hypo-thalamus	Structure du système nerveux central située sur la face ventrale de l'encéphale. Il est constitué de plusieurs sous-structures appelées noyaux.
LCR	Liquide céphalorachidien. Il supporte et protège le cerveau.
Méninges	Membrane protectrice entourant l'encéphale et la moelle épinière. Elles comprennent la dure-mère, l'arachnoïde et la pie-mère. Les méningites aiguës sont une inflammation des méninges.
Moelle épinière	Long cordon parcourant l'ensemble de la colonne vertébrale dans un couloir osseux, le canal médullaire. La moelle épinière transmet l'influx nerveux entre le cerveau et les nerfs périphériques. Une lésion de la moelle épinière est une cause de paralysie.
Monoplégie	Paralysie d'un membre.
Motricité	Ensemble des fonctions nerveuses et musculaires permettant les mouvements volontaires ou automatiques du corps.
Paralysie	Diminution ou abolition de la motricité.
Paraplégie	Paralysie des 2 membres supérieurs ou inférieurs.
Parésie	Diminution de la contraction musculaire. Cette diminution de la motricité d'une région se manifeste par une paralysie partielle. Hémiparésie : rentre le plus souvent dans le cadre de l'hémiplégie.
Quadriplégie	Ou tétraplégie. Paralysie des 4 membres.
Sédatif	Calmant.
Sénilité	Affaiblissement progressif des facultés intellectuelles résultant du grand âge.
Syncope	Perte de connaissance brutale et complète, généralement brève. Peut s'accompagner d'un arrêt respiratoire et/ou cardiaque.

Fiche 56

Usures professionnelles

① Définition

L'usure professionnelle peut se définir comme un état dépressif lié à la **perte de sens** du travail à réaliser. Les raisons de cette perte de sens sont multiples :

- ✓ découragement devant l'absence de progrès chez les personnes ;
- ✓ sentiment de routine, chronicité dans le travail ;
- ✓ perte de l'estime de soi, de la confiance en ses capacités ;
- ✓ attente non satisfaite de reconnaissance de son travail par autrui ;
- ✓ perte de motivation durable entraînée par des conditions de travail difficiles ;
- ✓ carrière professionnelle bloquée sur le plan de la promotion ou de la rémunération.

Le terme d'usure professionnelle est une interprétation de l'expression anglaise *burn out* qui signifie « brûler sa propre énergie au point de disparaître ».

Dire « je suis fatigué(e) par mon travail » trahit un excès d'activité qui aurait peut-être besoin d'être régulé. Certains professionnels peuvent trouver dans leur fatigue la confirmation qu'ils sont bien engagés dans le travail qu'ils font, qu'ils se sont impliqués et ont utilisé leur énergie à bon escient. Ils y trouvent un intérêt malgré les contraintes physiques et psychiques.

Souvent, la personne confrontée à l'usure professionnelle est celle qui s'est **beaucoup trop engagée** dans sa vie professionnelle, que ce soit physiquement ou émotionnellement. Une charge de travail excessive, un manque de repères ou de formation, un conflit de valeur ou un rôle ambigu créent alors un terreau favorable pour le *burn out*.

Les raisons de ce « trop » d'engagement relèvent souvent des mêmes causes :

- ✓ attente de reconnaissance excessive ;
- ✓ caractère perfectionniste ;
- ✓ sublimation des difficultés rencontrées.

② Dans la pratique professionnelle de l'AES

L'usure professionnelle est une situation qui guette l'AES, car son travail impacte son **sentiment d'utilité**.

La responsabilité de l'équipe d'encadrement est engagée dans l'apparition et le développement de l'usure professionnelle. L'équipe peut agir sur :

- ✓ la reconnaissance du travail ;
- ✓ la valorisation des compétences ;
- ✓ les conditions de travail (régularité des postes de travail, conditions matérielles, horaires, gestion de l'absentéisme, etc.) ;
- ✓ les propositions de formations.

L'usure est une atteinte grave de la compétence professionnelle, car elle touche le cœur même de la motivation de la personne. Or cette motivation a une dimension éthique. Elle est indispensable pour l'accompagnement de personnes dépendantes.

En cas d'affaiblissement de sa motivation, l'AES peut :

- ✓ se recentrer sur la finalité de ses pratiques professionnelles, réinterroger les raisons pour lesquelles il travaille afin de retrouver du sens ;
- ✓ réinvestir l'usage des supports professionnels (observation, projet, analyse de pratiques, etc.) ;
- ✓ s'appuyer d'avantage sur l'équipe, créer ou profiter de relations de confiance ;
- ✓ envisager une formation qui permettrait de renouveler ses approches du métier ;
- ✓ envisager un changement de poste, une mutation ou un départ vers un autre lieu professionnel ;
- ✓ repenser sa carrière professionnelle.

③ L'usure professionnelle et la Covid-19

La crise sanitaire a rendu plus visibles certaines inégalités de conditions de travail et d'exposition aux risques professionnels des femmes et des hommes au travail.

Dans plusieurs des secteurs où le travail a dû être maintenu sur site pendant les périodes de confinement – comme les secteurs de la santé, du social, du médico-social, de la grande distribution, du nettoyage… –, la pénibilité des métiers est apparue au premier plan.

La proposition de primes accordées à certains en reconnaissance de l'effort fourni est insuffisante, voire inégalitaire. Le sujet de l'équité de la reconnaissance du travail se pose au niveau des branches et des entreprises, avec un enjeu de valorisation des métiers. De nombreux constats accablants invitent à questionner la pénibilité du travail, l'usure professionnelle, l'absence de perspectives de promotions, la précarité…

Par ailleurs, des études ont fait apparaître un ressenti du télétravail difficile, particulièrement pour les personnes occupant des postes disposant de peu d'autonomie ou n'ayant pas l'expérience du travail à distance.

Le télétravail a provoqué un cumul des temps professionnels et personnels et posé la question de la répartition des tâches entre les femmes et les hommes, dans un contexte parentalité par exemple. On sait qu'un sentiment de culpabilité a été éprouvé par de nombreux télétravailleurs, source de troubles psychosociaux parfois sévères. Enfin, certains, plus particulièrement des femmes, ont été surexposés durant les confinements aux violences conjugales.

En cette période de crise sanitaire, les professionnels de santé et du secteur médico-social sont plus que jamais sollicités, stressés, et donc exposés à l'épuisement professionnel. Il ne fait aucun doute que la pandémie aggrave les sentiments de fatigue et de dépression chez de nombreuses personnes. La Covid-19 a exacerbé un problème préexistant. La crise sanitaire met en danger la vie de ces professionnels, mais également leur santé mentale. La précarité, la pénurie d'équipements, des horaires de travail exténuants ont un impact d'une réelle violence sur la santé mentale de tous ces professionnels. Qui peut sortir indemne de ces mois passés à côtoyer la maladie grave, la mort, l'isolement, l'impuissance, les incivilités, l'injustice… ?

À l'échelon national, il faudra poursuivre les réflexions et prendre des décisions rapides et efficientes pour protéger tous ces professionnels en les aidant à faire face aux difficultés qu'engendre la pandémie. Nous l'avons rappelé, le meilleur état de santé mentale possible est inscrit dans le droit international. Face à cela, la tâche est immense et doit mobiliser tous les acteurs.

Pour en savoir plus, consulter l'Agence nationale amélioration des conditions de travail (ANACT).

PARTIE 5
Témoignages et entraînements

Fiches 57 à 60

Fiche 57

Témoignages

① Situation 1 : dimension sociale

> « Si je veux réussir à accompagner un être vers un but précis, je dois le chercher là où il est et commencer là, justement là. »
>
> Sören Kierkegaard

Le besoin de communiquer

« Éric, 30 ans, n'utilise pas les mots pour nous parler. Il émet des sons d'intensité variable. Son regard, ses mimiques, sa gestuelle accompagnent ses vocalises. Souvent, il tend la main, il pointe un doigt vers nous. Une écoute superficielle peut nous amener à accompagner Éric aux toilettes, à lui donner à boire ou à lui tendre un des magazines qu'il affectionne, alors que son besoin est tout autre. Pourtant Éric s'exprime, il communique avec ses propres moyens, il a des demandes précises. Laissons-le nous guider, soyons avec lui ! Il saura exprimer ce qu'il veut. »

Décryptage : La main tendue d'Éric ne laisse pas le professionnel indifférent, mais la réponse apportée est une représentation personnelle. L'AES sait qu'Éric ne peut pas parler, qu'il ne peut pas exprimer verbalement ses besoins, qu'il n'est pas en capacité de se rendre aux toilettes seul ni de se servir un verre d'eau. L'attention portée à Éric et les propositions faites indiquent qu'une relation existe entre l'AES et Éric, car il connaît ses capacités et ses préférences, mais il n'interprète pas correctement ce qu'il communique.

② Situation 2 : dimension affective

> « Il y a en toute créature une force intérieure lui permettant de revendiquer le fait d'être elle-même, et pas seulement ce qu'un autre a voulu qu'elle soit. »
>
> *La relation éducative* de Philippe Gabéran, Éditions Erès, 2003

Le besoin de se réaliser

« Patricia a 20 ans, ses goûts vestimentaires sont très arrêtés. Ses préférences vont nettement vers les pantalons en jean, les salopettes fleuries et les joggings pour être à l'aise le matin. Elle aime aussi les bijoux et dans son sac à main sont cachés beaucoup de trésors. Patricia est très expressive malgré l'absence de langage.

La mère de Patricia lui rend régulièrement visite. Elle exige que sa fille soit en robe lors des rencontres et il est habituel que nous respections cette demande. Patricia nous exprime très clairement son mécontentement, son visage est boudeur. Elle tire sur sa robe, elle cherche à l'enlever. Nous l'invitons à être raisonnable pour faire plaisir à sa mère.

Un jour nous assistons à une scène riche de sens : Patricia se rebelle, crie de toutes ses forces. Elle laisse ressortir une colère contenue depuis longtemps, elle est débordée par sa violence. Elle tire sur la robe pour montrer à sa mère qu'elle n'en veut pas, que ce n'est pas son choix. Patricia a 20 ans, ses goûts vestimentaires sont très arrêtés. »

Décryptage : Le besoin de réalisation de Patricia est très fortement mis en évidence dans cette situation. Ce que l'on peut noter dans un premier temps, c'est la fonction du vêtement. Patricia vit comme un carcan ce vêtement dans lequel elle ne se retrouve pas. Elle ne se reconnaît pas ! Dans un second temps, ce que l'on peut observer, c'est la démonstration faite devant les yeux de sa mère. Patricia manifeste clairement qu'elle ne veut pas être cette fille-là, celle qui porte la robe. Elle exige de montrer celle qu'elle est réellement ! Dans un troisième temps, on peut souligner la place difficile des professionnels dans cette relation mère/fille. On comprend que l'équipe aura à satisfaire le besoin de se réaliser de Patricia, avant de satisfaire l'envie de sa mère.

Mais le soutien de la mère dans l'acceptation de sa fille réelle et le deuil de sa fille imaginaire fera partie intégrante de l'accompagnement de Patricia. La médiation de l'équipe dans cette relation familiale est un nouvel axe pour aider Patricia dans son épanouissement.

3 Situation 3 : dimension éducative

> « L'éducation est un apprentissage social. Elle nous aide à grandir et à vivre. »
>
> John Dewey

Le besoin d'appartenance

« Thierry a 25 ans, il sait exprimer ses besoins avec des mots justes mais leur énoncé est mal aisé. Son vocabulaire n'est pas dépourvu de quelques insultes utilisées à toutes fins utiles. Le besoin d'appartenance de Thierry est très fort, il fait de gros efforts pour respecter les règles de politesse. Il porte une attention particulière à ses tenues vestimentaires, il aime être « beau » pour qu'on le regarde.

Un jour, sa référente, qu'il surnomme Pec, l'accompagne pour acheter des chaussures dans une boutique chic d'une petite ville du midi. Thierry sent bon, il est élégant et sa joie est communicative. En entrant dans le magasin, Thierry dit « Bonjour ! » d'une voix forte et assurée. Pec et lui s'assoient, une vendeuse s'approche et Thierry répète « Bonjour ! » La vendeuse ne répond toujours pas. Elle regarde seulement Pec, qui lui demande : « Avez-vous des chaussures pour Monsieur, s'il vous plaît ? ». Thierry penche alors son visage un peu plus en s'interposant entre les deux jeunes femmes. « Bonjour ! » dit-il encore d'une voix forte. « Je n'ai pas de chaussures qui correspondent à ce que vous recherchez » répond la vendeuse en ignorant Thierry.

Thierry se lève alors, les injures fusent, certaines sont répétées plusieurs fois. Pec l'entraîne rapidement vers la sortie. »

Décryptage : Du haut de ses 25 ans, Thierry a la maîtrise des règles de politesse. Il utilise les codes sociaux, toujours à bon escient. Il dit bonjour lorsqu'il rencontre une personne et il attend qu'on lui réponde, car cela se fait, cela aide à se sentir quelqu'un. Le respect de ces codes invite à l'échange, convie à des relations cordiales.

La situation présentée ci-dessus montre avec violence la rupture de l'usage à l'égard de Thierry. Le non-respect des règles établies marque l'exclusion, par l'absence de parole et par l'absence de regard. Pour la vendeuse, Thierry n'existe pas.

④ Situation 4 : dimension culturelle

> « Ce qui est une nourriture pour l'un, est un poison pour l'autre. »
>
> Paracelse

Le besoin de reconnaissance

« Marguerite a 88 ans et a besoin d'aide pendant les repas. L'AES tient sa main afin de conduire la fourchette à sa bouche. Une fois le mouvement amorcé, Marguerite mange seule et de bon appétit.

Un jour, il lui est servi une salade de maïs, une omelette de pommes de terre, un morceau de fromage et des fruits. La présentation des plats est soignée et l'ensemble du repas semble appétissant. Pourtant Marguerite, sollicitée comme de coutume, refuse d'accompagner le mouvement et ferme obstinément la bouche. L'AES insiste mais elle continue à résister. Des larmes coulent sur ses joues.

L'accompagnatrice s'en émeut et l'interroge. Après un long temps de silence, Marguerite avoue finalement qu'elle ne veut pas manger le maïs qu'elle donnait à ses poules. »

Décryptage : Pour qu'un aliment soit bon à manger, il faut aussi qu'il soit bon à penser. Or Marguerite n'a jamais mangé la nourriture de ses poules ! Cette situation met en avant l'importance de nos origines : Marguerite est une dame ayant vécu 85 ans à la campagne, au milieu des champs, des animaux… Son univers était rural et bien que son mode de vie ait dû changer, il lui est impossible de renier ce qu'elle est en mangeant des aliments qui, pour elle, sont destinés aux animaux. La force de nos représentations culturelles est une des composantes de notre personnalité.

Fiche

58 Sujets d'entraînement sur la communication professionnelle

Sujet 1

Marie est une résidente du foyer logement depuis 18 mois, elle vit seule dans son appartement, mais elle a fait connaissance avec des personnes habitant dans l'établissement. Cette dame a 70 ans, elle exige qu'on l'appelle Marie, un prénom qu'elle affectionne particulièrement. Son état de santé est très satisfaisant. Elle a emménagé après la vente de sa maison, trop excentrée des commodités, trop isolée depuis le décès de son mari.

1. Que savez-vous sur le foyer logement : définition, qui peut y prétendre, quel coût quelles sont les aides financières possibles, à qui s'adresser... ?

2. Marie doit être opérée prochainement de la cataracte, elle exprime beaucoup d'anxiété à ce sujet. Que savez-vous sur la cataracte et comment accompagner Marie afin de prendre en compte ses inquiétudes ?

3. Marie vous exprime son désir de devenir bénévole dans une association. Comment pouvez-vous la guider dans la réalisation de son projet.

4. Marie vous fait part de sa peur de l'acharnement médical lorsqu'elle sera en fin de vie et vous demande s'il est possible d'écrire ses volontés à ce sujet.

Sujet 2

Jérémie est accueilli tous les matins en IME, depuis l'âge de 6 ans. Aujourd'hui ce jeune garçon a 12 ans, il est un enfant unique. Vous l'accompagnez depuis deux ans, vous êtes son référent. Vous rencontrez régulièrement sa mère, le père n'est plus en relation avec son fils. Jérémie présente une épilepsie non stabilisée, il souffre de polyhandicap. Il ne parle pas, mais les signes « oui » et « non » sont fiables. Jérémie apprend à communiquer avec le Makaton. Il est inscrit dans des activités comme Snozellen et la piscine.

1. Rédigez une dizaine de lignes pour expliquer le polyhandicap et quelles en sont les causes.

2. Que savez-vous sur la crise d'épilepsie tonico-clonique généralisée ? Quel sera votre rôle auprès de cet enfant lorsqu'il présente ce type de crise ?

3. Qu'est-ce qu'un IME ?

4. Rédigez quelques lignes sur ce que vous connaissez de la méthode Makaton et pareillement sur l'accompagnement Snozellen. Par ailleurs, expliquez en une quinzaine de lignes les propriétés spécifiques de l'eau pour ce préadolescent polyhandicapé.

Sujet 3

Vous êtes AES en poste auprès d'une dame, Adrienne, vivant en appartement. Elle est âgée de 40 ans, mère d'une fille de 20 ans étudiante en médecine. Cette dame voit sa fille pour les vacances scolaires uniquement, elle vit seule à son domicile. Adrienne est atteinte de sclérose en plaques, diagnostiquée depuis six ans, après un licenciement pour « inaptitude au poste ».

Elle bénéficie d'une couverture en ALD, perçoit une pension d'invalidité et a reçu une PCH il y a trois mois. Celle-ci lui permettra d'organiser son quotidien autrement. C'est dans ce contexte que vous intervenez.

1. Qu'est-ce que la sclérose en plaques et quels sont les principaux symptômes ?

2. À quelles aides et prestations peuvent prétendre les adultes atteints de SEP ?

3. Quel sera votre rôle auprès de cette personne ?

4. Comment contribuer à la prévention des chutes au domicile ?

5. Adrienne vous sollicite pour préparer ses futures vacances durant l'été, quels conseils pouvez-vous lui prodiguer ?

Fiche 59

Corrigés

Sujet 1

1. Que savez-vous sur le foyer logement : définition, qui peut y prétendre, quel coût quelles sont les aides financières possibles, à qui s'adresser... ?

Le foyer logement est un établissement médico-social destiné aux personnes autonomes (seules ou en couple). Elles disposent d'un appartement (studio le plus souvent ou T1/T2) équipé d'un coin cuisine et de sanitaires indépendants. Il est possible d'emménager avec son mobilier, ses effets personnels... C'est une formule intermédiaire entre le domicile et l'hébergement collectif. Les logements mis à disposition sont assortis de services collectifs facilitant le quotidien (restauration, blanchisserie, exécution de tâches ménagères, animation...) dont l'usage est facultatif.

Un contrat de séjour défini les obligations de la ou des personnes accueillies et celle du gestionnaire de l'établissement (prestations, tarifs...). Ces établissements ne sont pas médicalisés, ils n'assurent pas de soins en interne. Cependant, comme au domicile on peut avoir recours à des services extérieurs (infirmière, aide à domicile, kinésithérapeute...).

Ces différents établissements peuvent relever de trois statuts différents :
- privé lucratif (gérés par des sociétés commerciales) ;
- privé non lucratif (rattachés à une fondation ou association) ;
- public (autonomes ou rattachés à un établissement sanitaire ou à une collectivité locale).

À terme, l'appellation EHPA (établissement d'hébergement pour personnes âgées) recouvrira toutes les structures qui ne sont pas soumises à l'obligation de signer une convention tripartite, foyers logement et résidences appartements notamment. Ces structures d'hébergement médico-sociales peuvent accueillir une personne seule ou avec un conjoint, partenaire pacsé ou concubin à condition :
- d'avoir plus de 60 ans ;
- d'être « valides » (GIR 4,5 ou 6 sur la grille d'évaluation de la perte d'autonomie) et autonome ;

- d'être capable de vivre de manière habituelle dans un logement indépendant même si l'on a besoin d'être aidé occasionnellement ;
- de ne nécessiter ni services ni soins particuliers.

Il convient de contacter la mairie de son lieu de résidence ou la commune où l'on souhaite s'installer afin de connaître les différentes structures existantes. On peut également s'adresser directement au foyer logement pour solliciter un dossier de candidature. Celui-ci devra comporter :
- une pièce d'identité ;
- des informations administratives (Sécurité sociale, mutuelle…) ;
- des justificatifs de revenus perçus (relevés pensions, dernier avis d'imposition) ;
- un certificat médical attestant de l'état de santé et de la capacité à vivre autonome.

Une rencontre avec la direction de l'établissement choisi sera organisée. Une fois les formalités accomplies et l'admission entérinée, la personne signe un contrat de location avec le foyer logement. Elle définit les services auxquels elle aura recours et devra s'acquitter des charges financières liées à l'entrée (premier mois de loyer, acomptes éventuels pour les services annexes comme la restauration…).

Une fois en possession du bail et de la première quittance la personne peut constituer une demande d'aide au logement auprès la caisse d'allocation familiale.

Concernant les tarifs de ces foyers logements ou résidences appartements, il faudra s'adresser au centre communal d'action sociale pour obtenir des informations sur le prix du loyer. En cas de faibles ressources, on peut bénéficier de différentes aides financières : par exemple, l'aide personnalisée au logement (APL), si l'établissement est conventionné. Le montant de cette aide est évalué en fonction des revenus, du montant du forfait d'hébergement et du lieu d'implantation de la résidence.

En cas de ressources insuffisantes, les frais de séjour peuvent être pris en charge par le conseil général au titre de l'aide sociale. Dans ce cas, il est nécessaire de choisir un établissement habilité à l'aide sociale (public ou privé). Les dépenses liées à la perte d'autonomie peuvent être financées par les caisses de retraite ou le conseil général au titre de l'allocation personnalisée d'autonomie (GIR 4).

2. Marie doit être opérée prochainement de la cataracte, elle exprime beaucoup d'anxiété à ce sujet. Que savez-vous sur la cataracte et comment accompagner Marie afin de prendre en compte ses inquiétudes ?

La cataracte est une opacification partielle ou totale du cristallin. Ces opacifications responsables d'une baisse progressive de la vue peuvent s'accompagner d'une altération des couleurs et d'une gêne à la lumière (photophobie).

Les premiers symptômes sont :
- une vision floue, voilée ;
- quelquefois, des petites taches ou des points dans le champ de vision ;
- une diminution de l'acuité visuelle ;
- une mauvaise perception des contrastes ;
- des difficultés à distinguer les reliefs.

Le seul traitement de la cataracte est la chirurgie. Cette intervention, réalisée sous anesthésie locale (collyre anesthésiant ou injection autour de l'œil), dure entre 10 et 20 minutes. Lorsqu'elle n'est pas traitée, la cataracte s'aggrave progressivement. Le cristallin devient de plus en plus opaque et la personne finit par perdre complètement la vue. Dans certains, cas la cataracte provoque une augmentation du volume du cristallin pouvant entraîner l'apparition d'un glaucome aigu.

Accompagnement de Marie :

- Je lui proposerai de reformuler ce qu'elle a compris des explications fournies par l'ophtalmologiste. Si nécessaire, lui repréciser que l'intervention est indolore, sous anesthésie locale. Le chirurgien enlèvera le contenu opacifié de son cristallin. Une fois celui-ci retiré, l'implant (sorte de lentille intraoculaire) sera introduit : il remplacera le cristallin. Cet implant rend la vue excellente le plus souvent à la fois de loin et de près. Certaines personnes n'ont plus besoin de porter des lunettes après l'opération. Cette intervention est rapide et se pratique sans hospitalisation. Il sera toutefois préférable de disposer d'un accompagnateur, car l'œil opéré sera recouvert d'un bandage et d'une coque pouvant gêner la vision globale. Dès le lendemain ou en quelques jours, dans la plupart des cas, l'opération permet une excellente récupération de la vision. Des collyres seront instillés dans l'œil pendant quelques jours.
- Je pourrais aussi proposer à cette dame, si elle le désire, de rencontrer des personnes ayant bénéficié d'une opération de la cataracte et qui en sont très satisfaites.

3. Marie vous exprime son désir de devenir bénévole dans une association. Comment pouvez-vous la guider dans la réalisation de son projet ?

- Laisser Marie s'exprimer afin de mieux cerner son désir et l'encourager dans ce sens en lui expliquant qu'elle sera libre de choisir la façon de s'engager, à son rythme, de façon ponctuelle ou régulière.
- Expliquer à Marie que certaines associations rédigent des fiches de poste de façon à préciser les tâches et responsabilités qui seront confiées aux bénévoles sur la base du volontariat, et qu'il sera judicieux qu'elle puisse s'exprimer sur sa motivation.
- Aider Marie à dresser un répertoire dressant les coordonnées des associations.
- L'aider à sélectionner les associations selon leur domaine d'activité.
- Accompagner Marie dans sa réflexion pour choisir l'association en fonction de ses affinités, de ses compétences, de ses qualités.
- Lui présenter les principales associations où faire du bénévolat : la Croix-Rouge française, les Restos du cœur, le Secours populaire, l'Armée du salut, les Petits Frères des pauvres, les Petits Princes, la SPA…
- Accompagner Marie jusqu'à la réalisation de son projet personnalisé de bénévolat et la soutenir dans sa démarche.

4. Marie vous fait part de sa peur de l'acharnement médical lorsqu'elle sera en fin de vie et vous demande s'il est possible d'écrire ses volontés à ce sujet.

Les directives anticipées ou le testament de vie :

Expliquer à Marie que, comme toute personne majeure, elle peut rédiger des instructions appelées « directives anticipées » (ou « testament de vie »). Il s'agit d'indiquer par écrit ses nom et prénom, sa date et son lieu de naissance et d'indiquer ses souhaits. Le document doit être daté et signé. Il existe des modèles disponibles sur le site du ministère de la Santé. Dans ses instructions Marie précisera la conduite à tenir si elle est hors d'état d'exprimer sa volonté. Les directives anticipées concernent les situations de fin de vie, mais également les traitements et/ou les actes médicaux que l'on souhaite ou non voir pratiquer si un jour on ne peut plus communiquer, après un accident grave par exemple ou à l'occasion d'une maladie grave.

La personne de confiance :

Expliquer également à Marie qu'elle peut désigner une personne de confiance : c'est un droit qui lui est offert mais ça n'est pas une obligation.

La personne de confiance à plusieurs missions :

- La soutenir dans son cheminement personnel et l'aider dans ses décisions concernant sa santé.
- L'accompagner dans les démarches liées à ses soins.
- Assister aux consultations ou aux entretiens médicaux.
- Prendre connaissance des éléments du dossier médical en la présence de Marie. Elle n'aura pas accès à l'information en dehors de la présence de Marie et ne devra pas divulguer d'informations sans son accord.
- Elle a un devoir de confidentialité.
- Il est important que la personne de confiance connaisse les directives anticipées de Marie. Il est recommandé de les remettre à cette personne lorsqu'elles seront rédigées.
- Si Marie ne peut plus exprimer sa volonté, la personne de confiance a une mission de référent auprès de l'équipe médicale : elle sera la personne consultée en priorité par l'équipe médicale lors de tout questionnement sur la mise en œuvre, la poursuite ou l'arrêt de traitement, et recevra les informations nécessaires pour exprimer ce que Marie aurait souhaité. Elle sera le porte-parole pour refléter de façon précise et fidèle les souhaits et les volontés. Son témoignage l'emportera sur tous autres témoignages (membres de la famille, proches).
- La personne de confiance peut faire le lien avec la famille et/ou les proches, mais peut aussi affronter une contestation s'ils ne sont pas d'accord avec les volontés exprimées par Marie.

Expliquer à Marie qu'elle peut désigner à tout moment la personne de confiance : parent, ami, proche, médecin traitant.

La désignation doit se faire par écrit sur papier libre daté et signé en précisant son nom, son prénom ses coordonnées pour qu'elle soit joignable ou utilisées un formulaire. La personne de confiance doit cosigner le formulaire la désignant.

On peut changer d'avis à tout moment concernant cette personne de confiance. Il faudra le préciser par écrit ou oralement devant des témoins, qui l'attesteront par écrit.

Sujet 2

1. Rédigez une dizaine de lignes pour expliquer le polyhandicap et quelles en sont les causes.

Le polyhandicap est une association de déficiences et d'incapacités d'origines diverses, comme une déficience motrice associée à une déficience mentale sévère. La conséquence du polyhandicap est une restriction extrême de l'autonomie et des possibilités de perception et d'expression. Il est possible également d'utiliser la définition de l'annexe 24 ter (1989) : « Le polyhandicap est un handicap grave à expressions multiples avec déficience motrice déficience mentale sévère ou profonde, entraînant une restriction extrême de l'autonomie et de la possibilité de perception d'expression et de relation. »

Le plus souvent, les personnes polyhandicapées souffrent également d'insuffisance respiratoire chronique, de troubles nutritionnels, de troubles de l'élimination, de fragilité cutanée…

Chez la personne polyhandicapée, les handicaps ne s'additionnent pas ; ils se multiplient, entraînant une dépendance importante nécessitant un accompagnement individualisé et des soins permanents.

Les principales causes sont diverses, elles peuvent être :
- prénatales (malformations, anomalies chromosomiques ou génétiques, accidents vasculaires cérébraux prénataux…) ;
- périnatales (liée à des souffrances fœtales, particulièrement l'anoxie cérébrale, ou à la grande prématurité) ;
- postnatales (traumatisme, arrêt cardiorespiratoire…).

Elles sont parfois tout à fait inconnues. Actuellement, les causes génétiques sont l'objet de recherche.

2. Que savez-vous sur la crise d'épilepsie tonico-clonique généralisée ? Quel sera votre rôle auprès de cet enfant lorsqu'il présente ce type de crise ?

La crise d'épilepsie débute brutalement par une perte de connaissance entraînant une chute pouvant être responsable de blessures. Cette phase tonique est marquée par une contracture et une raideur de toute la musculature. Cette phase dure de quelque seconde à une ou deux minutes. Pendant cette phase, on peut observer un bref arrêt respiratoire avec une cyanose péribuccale ainsi qu'une morsure de la langue.

La phase clonique est marquée par des secousses musculaires brusques généralisées et synchrones de plus en plus espacées jusqu'à la phase suivante.

Durant la phase résolutive, on observe alors une hypotonie généralisée pouvant s'accompagner d'une incontinence sphinctérienne. La reprise de conscience est progressive. Cependant, un stade confusionnel postcritique est habituel. Il peut durer plusieurs heures. L'amnésie de la crise est complète et la personne se plaint souvent de courbatures et de fatigue.

La durée totale de la crise est de quelques minutes (inférieur à 10 minutes). En cas de reprise de la crise, on parle d'« état de mal épileptique » justifiant de l'aide d'un service d'urgence.

Mon rôle auprès de cet enfant :

- Observer chez cet enfant des signes précurseurs souvent présents comme des mouvements avec sa bouche.
- Jérémie portant un casque, nous avons moins à craindre les traumatismes crâniens. Cependant, dans la mesure du possible, je préviens tout risque de traumatismes en accompagnant sa chute.
- Dès que possible, je place Jérémie en position latérale de sécurité en libérant tout ce qui pourrait entraver sa respiration. Je surveille la reprise inspiratoire.
- J'évalue la durée de chacune des phases ainsi que celle de la totalité de la crise. Je reste à proximité de cet enfant dans une présence attentive et sécurisante.
- J'accompagne la reprise de conscience d'une parole douce en expliquant ce qui vient de se passer et je facilite la période de repos ultérieur dans les meilleures conditions possibles de surveillance.
- Je transmets la totalité des observations en étroite collaboration avec les autres professionnels (infirmier, aide-soignant…).

3. Qu'est-ce qu'un IME ?

Les instituts médicaux éducatifs, désignés aussi par le sigle IME, sont des établissements accueillants des enfants et des adolescents atteints de handicap mental, ou présentant une déficience intellectuelle liée à des troubles de la personnalité, de la communication ou des troubles moteurs ou sensoriels.

Les IME regroupent parfois les instituts médicopédagogiques (IMP) et les instituts médicoprofessionnels (IM pro). Ils participent à l'éducation des enfants et des adolescents accueillis et assurent aussi des soins spécifiques.

Les tranches d'âge des personnes accueillies varient selon les établissements (en moyenne de 3 à 20 ans). On retrouve dans les IME

- du personnel éducatif (éducateur spécialisé, moniteur éducateur, éducateur de jeunes enfants, accompagnant éducatif et social…) ;
- des instituteurs détachés de l'Éducation nationale, des psychologues, des psychomotriciens, des orthophonistes…
- du personnel médical (médecins, pédopsychiatres, infirmiers, aides-soignants…)

Le financement des frais de séjour de l'IME est assuré par l'assurance maladie et versée à l'établissement sous la forme d'une dotation globale.

4. Rédigez quelques lignes sur ce que vous connaissez de la méthode Makaton et pareillement sur l'accompagnement Snozellen. Par ailleurs, expliquez en une quinzaine de lignes les propriétés spécifiques de l'eau pour ce préadolescent polyhandicapé.

La méthode Makaton

Le programme Makaton a été mis au point en 1973-1974 par Margaret Walker, orthophoniste britannique, afin de répondre aux besoins d'enfants et adultes souffrant de troubles d'apprentissage et de la communication. C'est un outil d'aide à la communication et au langage, constitué d'un vocabulaire fonctionnel utilisé avec la parole, les signes et/ou les pictogrammes. Les signes et les pictogrammes offrent une représentation visuelle du langage améliorant ainsi la compréhension et facilitant l'expression.

Le Makaton répond aux besoins d'une large population d'adultes et d'enfants atteints de troubles du langage associés à des handicaps divers : retard mental, autisme, polyhandicap, troubles spécifiques du langage, atteinte neurologique affectant la communication. Le Makaton s'adresse également à l'entourage de la personne en situation de handicap (parents, orthophoniste, éducateur, psychomotricien…) afin d'utiliser le même mode de communication et de faciliter ainsi les apprentissages. En effet, la diversité des concepts permet rapidement de favoriser les échanges, en accédant à l'ensemble des fonctions de la communication : dénommer, formuler des demandes ou un refus, décrire, exprimer un sentiment, commenter…

L'accompagnement Snozellen

C'est un espace d'activité dédié à l'exploration sensorielle, à la détente et au plaisir. Cet espace permet de stimuler les cinq sens : l'ouïe, l'odorat, la vue, le goût et le toucher. Ce concept est né aux Pays-Bas en 1970. Il était initialement prévu pour accompagner les personnes polyhandicapées et/ou handicapées. Il a été récemment étendu à la psychiatrie et à la gérontologie.

Cette activité est organisée dans un espace spécialement aménagé, éclairé d'une lumière tamisée dans le but de créer une ambiance agréable. C'est toute une démarche d'accompagnement, un état d'esprit, un positionnement d'écoute et d'observation basées sur des propositions de stimulations, d'exploration sensorielle optimisant ainsi la notion de « prendre soin ».

Le respect de la personne et de ses rythmes lui permet d'être actrice dans une présence attentive des accompagnateurs. La réduction des tensions offre un mieux-être potentiel et l'on observe une diminution sensible des comportements difficiles dans les temps suivant la séance.

Les propriétés spécifiques de l'eau

L'eau en piscine est un élément naturel facilitateur de communication non verbale, une aide à la détente, un médiateur entre le corps et l'esprit, un soulagement aux multiples douleurs ressenties. L'immersion du corps dans l'eau transmet la sensation de légèreté, l'éveil de certaines parties de ces corps hypertendus, en souffrance permanente, et autorise un temps de bien-être.

L'accompagnateur est plongé dans le bain avec la personne. Ce professionnel est en charge de la surveillance, prêt à intervenir au moindre problème. L'observation très fine des signaux corporels permet de relever les tensions, les expressions du visage, le regard, les sons… Ce professionnel reste en alerte, tout en créant un climat propice à la décontraction. La situation des deux corps dans un même espace, mais surtout ce même élément, facilite la communication gestuelle. Les signes d'un corps détendu, un sourire qui se dessine, des yeux pétillants, montre à l'accompagnant combien ce temps est propice aux messages. L'eau relie les corps, sa fluidité et la sensation d'être suspendu et léger donne l'occasion de ressentir son corps dans son intégralité. La perception de son propre corps est fondamentale pour tous les individus, mais particulièrement dans ce temps d'adolescence ou de préadolescence, moment de grands changements corporels. Les personnes polyhandicapées n'ont pas tant l'occasion de se ressentir dans leur entièreté. Le liquide ramène aux sensations fœtales, une atmosphère que l'on reconnaît…

Sujet 3

1. Qu'est-ce que la sclérose en plaques et quels sont les principaux symptômes ?

La sclérose en plaques (SEP) est une maladie chronique touchant le système nerveux central constitué du cerveau et de la moelle épinière. Elle est due à une inflammation de la myéline, servant de protection au prolongement des cellules appelées les axones. La maladie est considérée comme une maladie auto-immune, c'est-à-dire que le système de défense, appelé « système immunitaire », s'attaque aux propres constituants de l'organisme. Pour la sclérose en plaques, il s'agit de l'attaque de la myéline. La maladie touche principalement les femmes entre 20 et 40 ans.

Les premiers symptômes observés sont généralement la fatigue, des troubles de la mémoire, de la vision et de l'équilibre, des maux de tête…

Les symptômes de la SEP apparaissent sous forme de poussée. Ils surgissent soudainement, s'installent pendant une courte durée et s'atténuent ensuite de façon progressive.

- **La fatigue :** c'est un des symptômes les plus fréquents de la maladie. Elle se caractérise par une perte d'énergie physique et mentale pouvant survenir à tout moment de la journée, parfois même dès le réveil, sans raison particulière. Elle peut accompagner ou aggraver une poussée et peut être présente en dehors des poussées. C'est un des symptômes importants de la maladie pouvant être insuffisamment pris en compte par l'entourage.
- **Les troubles moteurs :** ils sont liés à la faiblesse musculaire et se manifestent le plus souvent par des douleurs au pied ou à l'hémicorps. Elles peuvent être associées à une raideur musculaire (spasticité) au niveau des jambes et des bras, accompagnée de spasmes de contractures et parfois de douleurs.
- **Les troubles visuels :** on note une baisse de l'acuité visuelle pouvant être associé à des mouvements oculaires. La névrite optique est la conséquence d'une inflammation au niveau du nerf optique. Elle peut survenir au début de la maladie ou au cours de son évolution. Elle concerne en général un seul œil. La baisse de l'acuité visuelle peut s'accompagner d'une sensation de vision floue avec une moins bonne appréciation de certaines couleurs, d'une douleur du globe oculaire lors de sa mobilisation et d'anomalies du champ visuel.

- **Les troubles de l'équilibre :** certaines personnes rencontrent des difficultés pour marcher ainsi que dans la coordination de leurs mouvements.
- **Les troubles sensitifs :** sensations de picotements au niveau des mains, d'engourdissement, de piqûres d'eau coulant sur le corps, difficultés à sentir le chaud ou le froid…
- **Le « signe de l'ermite » :** impression de décharges électriques le long de la colonne vertébrale et/ou des membres survenant uniquement lors de la flexion de la nuque.
- **Des douleurs :** elles sont plutôt fréquentes. Elles peuvent être continues ou intermittentes. Elles sont liées aux atteintes nerveuses, mais peuvent aussi être dues à la spasticité ou à d'autres troubles associés à la maladie (douleurs osseuses ou musculaires).
- D'autres troubles peuvent être associés comme :
  - Des troubles urinaires témoignant d'une hyperactivité vésicale pouvant entraîner des infections urinaires.
  - Des troubles digestifs : conséquences d'un moins bon contrôle des sphincters.
  - Des troubles sexuels, une baisse de la libido, des troubles de l'érection chez l'homme et, chez la femme, une perte de sensibilité, une sécheresse vaginale…
  - Des troubles cognitifs : portant sur la concentration, l'attention, la capacité à traiter plusieurs informations simultanément, la mémoire. Ils ne sont pas constants. Ils n'apparaissent que très rarement début de maladie et restent habituellement modérés.
  - Des troubles psychologiques : ils sont fréquents au cours de la SEP, avec un impact important sur la qualité de la vie. On peut observer un syndrome dépressif, de l'anxiété, une hyperexpressivité émotionnelle…

2. À quelles aides et prestations peuvent prétendre les adultes atteints de SEP ?

- **La prise en charge des soins :** la SEP est considérée comme une infection longue durée (ALD) par la Sécurité sociale. La prise en charge à 100 % de la totalité des soins est accordée par la caisse d'assurance maladie après avis du médecin-conseil de cette caisse et sur proposition du médecin traitant de l'assuré. En pratique, seuls les soins et traitements médicaux en rapport avec l'affection de longue durée sont pris en charge à 100 %.

- **La reconnaissance du handicap :** elle se fait auprès de la « commission des droits et de l'autonomie des personnes handicapées » intégrées au sein de la maison départementale des personnes handicapées (MDPH), offrant un guichet unique chargé de dispenser des informations pratiques sur les démarches à effectuer.
- **Les aides financières :** l'allocation pour adultes handicapés (AAH) a pour but de garantir un revenu minimum aux personnes en situation de handicap. Elle est conditionnée par l'âge et les revenus.
- **La prestation de compensation du handicap (PCH)** : elle a pour objectif de compenser le surcoût lié au handicap. Elle finance des aides (aides humaine, technique, aménagement du domicile et du véhicule) et elle est versée par le conseil général. Pour en bénéficier il faut avoir moins de 60 ans, mais des dérogations existent.
- **La pension d'invalidité :** elle permet de compenser la perte de revenus dus à la maladie. On peut en bénéficier si on n'a pas atteint l'âge légal de la retraite.
- **L'allocation personnalisée d'autonomie (APA) :** l'allocation personnalisée d'autonomie a pour but d'aider les personnes de plus de 60 ans dans l'incapacité d'assumer les conséquences du manque ou de la perte d'autonomie liée à leur état de santé. Elle est accordée après évaluation du degré de perte d'autonomie à partir d'une grille appelée « grille AGGIR ». Cette allocation n'est pas soumise à une condition de ressources.

3. Quel sera votre rôle auprès de cette personne ?

L'intervention à domicile

Intervenir à domicile ne va pas de soi, c'est à chaque fois une nouvelle rencontre, d'autres habitudes, des freins ou des résistances, des peurs, voire de l'anxiété… L'intervention à domicile renvoie à l'intime, au privé, au « chez l'autre »… Se rendre au domicile de quelqu'un et y intervenir dans le contexte de la maladie « impose de ne pas transgresser un ordre établi, d'adopter une position retenue, discrète et cependant adaptée au contexte de l'intervention » (Charte éthique et relations de soins au domicile).

La pratique d'accompagnement

- S'appuyer sur le projet personnalisé de la personne accompagnée afin de répondre au mieux à ses besoins et à ses attentes.

- Évaluer régulièrement ses besoins avec elle et avec l'équipe afin d'ajuster l'accompagnement et d'en apprécier la mise en œuvre.
- Adapter ses interventions aux habitudes de la personne : rythmes, rituels, temps de la vie quotidienne comme le moment du lever et du coucher, celui des toilettes, des repas… L'aide procurée lors de ces différents moments variera dans le temps selon la demande et les difficultés éprouvées. Ainsi, pendant certaines phases, lorsque la douleur, les difficultés motrices, la fatigabilité… sont importantes, l'aide technique et le soutien psychologique sont le plus possible ajustés.
- Laisser le plus de place possible à cette personne en respectant ses choix, ses goûts, sa façon de faire, ses souhaits ses refus. C'est un moment d'intimité ou le rapport au corps. L'apparence, la capacité de séduction sont à privilégier et à encourager.
- Selon les besoins et les demandes, accompagner Adrienne lors de ses déplacements à l'extérieur : faire les courses, entreprendre des démarches administratives, se rendre à différentes consultations…

Le travail d'équipe

La mise en œuvre du projet personnalisé se fait en coordination avec les autres intervenants dans le respect des rôles de chacun. Les évaluations seront régulières, selon des critères préétablis. Les objectifs et les moyens mis en œuvre pour les atteindre seront modifiés au regard de l'évolution des problématiques rencontrées. On veillera à la qualité des informations transmises à l'ensemble des professionnels, que celles-ci soient orales ou écrites.

4. Comment contribuer à la prévention des chutes au domicile ? Comment évaluer le risque de chutes et quels sont les moyens à mettre en place pour sécuriser le maintien à domicile ?

Les chutes au domicile engendrent un nombre important d'hospitalisations et les conséquences physiques et psychologiques peuvent être importantes : diminution de la mobilité, perte de confiance en soi, limitation des activités quotidiennes, perte de légitimité du maintien de la personne à son domicile…

Les risques

Les circonstances des chutes sont diverses, certaines sont dues à l'environnement et d'autres à l'état de santé de la personne elle-même. Elles surviennent habituellement lors des activités de la vie quotidienne, et le lieu le plus propice reste la salle de bains, en particulier la douche ou la baignoire. De nombreux obstacles dans la maison peuvent également être à l'origine de chutes comme les escaliers, les tapis, les fils et/ou les objets posés sur le sol, le défaut d'éclairage…

Les troubles de la marche, de l'équilibre, de la coordination, de la vue, la faiblesse musculaire, la prise de certains médicaments, l'hypotension, les chaussures non adaptées… sont autant de risques potentiels.

La prévention

- Assurer une alimentation saine et équilibrée, suffisamment riche en protéines, en calcium, en vitamines et minéraux afin d'éviter la dénutrition et la fonte musculaire. Rappelons également l'importance de la ration hydrique.
- Maintenir une activité physique en fonction des capacités et des centres d'intérêt de la personne. Le kinésithérapeute et la psychomotricienne contribueront également au maintien des capacités motrices.
- En étroite collaboration avec la personne, aménager domicile afin de limiter le risque de chute : fixer les différents fils (téléphone, télévision, ordinateur, luminaire…) ; veiller à ce que l'éclairage soit satisfaisant dans tous les endroits de la maison afin d'éviter toute zone d'ombre sur les trajets ; stabiliser les appuis (couloir, chambre, salle de bains…) ; disposer à portée de main tous les objets dont on peut avoir besoin (téléphone, télécommande, sonnette, interphone, téléalarme…) Attention au sol glissant, au bord des tapis, aux animaux domestiques…
- Le kinésithérapeute, l'ergothérapeute donnent de précieux conseils pour faciliter le déplacement au domicile (déambulateur, canne…) et pour aménager les différentes pièces de la maison. Nous rappelons brièvement la législation pour l'accessibilité : la loi « handicap ». La loi du 11 février 2005 pour « l'égalité des droits et des chances, la participation et la citoyenneté des personnes handicapées » a déterminé les obligations d'accessibilité des bâtiments et l'utilisation des équipements (sanitaire…). Des solutions techniques innovantes peuvent être proposées afin de répondre à l'objectif d'accessibilité de sécurité.

5. Adrienne vous sollicite pour préparer ses futures vacances durant l'été. Quels conseils pouvez-vous lui prodiguer ?

De nombreuses associations et leurs blogs aident les personnes atteintes de sclérose en plaques à préparer leur voyage.

- **Concernant les déplacements :** il est judicieux de se renseigner auprès de la compagnie aérienne, par exemple, qui met à disposition des personnes en situation de handicap et des fauteuils de transfert entre l'aéroport et l'avion. Même chose pour le voyage en train : la SNCF propose un service d'assistance pour les personnes à mobilité réduite afin qu'elles bénéficient d'une aide au déplacement dans la gare. Il suffit de se renseigner sur le site de la SNCF.
- **Les assurances :** souscrire une assurance annulation et une assurance rapatriement est recommandé.
- **La carte européenne d'assurance maladie :** elle assure la prise en charge des soins médicaux dans les pays de l'Union européenne et en Suisse. Pour se la procurer, il faut contacter la caisse d'assurance-maladie au moins 15 jours avant le départ.
- **Le traitement** : il est judicieux de demander au neurologue, par exemple, une ordonnance pour les traitements d'une durée au moins équivalente à celle du séjour. Une attestation rédigée en français et en anglais par le médecin est indispensable en cas de contrôle douanier, car elle justifie notamment le transport de matériel d'injection et la nature licite des médicaments.
- **Le séjour :** un blog de L'APF intitulé *Le Guide de vos vacances accessibles* contient des informations et des conseils pratiques permettant de préparer les vacances, du transport aux assurances en passant par l'hébergement, les aides humaines ou techniques. Il permet aux personnes en situation de handicap souhaitant voyager seules, en famille ou en groupe d'organiser leurs vacances comme tout un chacun. En cliquant sur le département choisi pour ses prochaines vacances, les plages, les lacs, les plans d'eau sont par exemple répertoriés avec le détail des équipements disponibles.

Les fédérations et les associations proposent également des séjours de vacances. Enfin certains établissements thermaux disposent de cures spécifiques pour les personnes atteintes de sclérose en plaques.

Fiche 60

Liste des sigles

① Les établissements sociaux et médico-sociaux

AFT	Accueil familial thérapeutique
CAJ	Centre d'accueil de jour
CAMPS	Centre d'action médico-sociale précoce
CATTP	Centre d'accueil thérapeutique à temps partiel
CHRS	Centre d'hébergement et de réinsertion sociale
ULIS	Unités localisées pour l'inclusion scolaire (anciennes CLIS)
CMP	Centre médico-psychologique
CMPP	Centre médico-psycho-pédagogique
CPO	Centre de pré-orientation
CRP	Centre de rééducation professionnelle
ESAT	Établissement et service d'aide par le travail
EHPAD	Établissement hébergeant des personnes âgées dépendantes
FAM	Foyer d'accueil médicalisé
	Foyer de vie
	Foyer d'hébergement
	Foyer d'hébergement temporaire
	Hôpital de jour
IEM	Institut d'éducation motrice
IES	Institut d'éducation sensorielle
IME	Institut médico-éducatif
SIPFP	Service d'intégration à la première formation professionnelle
ITEP	Institut thérapeutique éducatif et pédagogique
LHSS	Lits halte soins santé
MAS	Maison d'accueil spécialisée
MR	Maison relais
RA	Résidence d'accueil
SAAAIS	Service d'aide à l'acquisition d'autonomie et à l'intégration scolaire
SAFEP	Service d'accompagnement familial et d'éducation précoce
SAFT	Service d'accueil familial thérapeutique
SAMSAH	Service d'accompagnement médico-social pour personnes adultes handicapées
SAVS	Service d'accompagnement à la vie sociale
SESSAD	Service d'éducation spéciale et de soins à domicile

SIPFP	Service d'initiation à la première formation professionnelle (anciens IMPRO)
SSEFIS	Service de soutien à l'éducation familiale et à l'intégration scolaire
UAT	Unité d'accueil thérapeutique
UPI	Unité pédagogique d'intégration

② Noms des prestations (aides financières)

AAH	Allocation adultes handicapés
ACH	Allocation de compensation du handicap
PAJE	Prestation d'accueil du jeune enfant
PCH	Prestation de compensation du handicap (remplace ACTP Allocation compensatrice pour tierce personne et ACFP Allocation compensatrice pour frais professionnels)
ACT	Appartements de coordination thérapeutique
AJPP	Allocation journalière de présence parentale
AEEH	Allocation d'éducation pour l'enfant handicapé
APL	Allocation personnalisée au logement
ALF	Allocation de logement familial
ALS	Allocation de logement social
APA	Allocation personnalisée d'autonomie
ASF	Allocation de soutien familial
ASS	Allocation de solidarité spécifique
ASPA	Allocation de solidarité aux personnes agées Minimum vieillesse
PAH	Prêt à l'amélioration de l'habitat
RSA	Revenu de solidarité active La prime d'activité

③ Les institutions et services

CAF	Caisse d'allocations familiales
CD	Conseil départemental (ancien CG Conseil général)
CR	Conseil régional
CPAM	Caisse primaire d'assurance maladie
CRAM	Caisse régionale d'assurance maladie
MDPH	Maison départementale des personnes handicapées
DGCS	Direction générale de la cohésion sociale
DR(D) JSCS	Direction régionale et (départementale) de la jeunesse et des sports et de la cohésion sociale
DDCS	Direction départementale de la cohésion sociale
ARS	Agence régionale de la santé

CCAS	Comité communal d'action sociale
MJC	Maison des jeunes et de la culture
PIJ	Point d'information pour les jeunes
ML	Mission locale
	Pôle emploi
OMS	Organisation mondiale de la santé
CDAPH	Commission des droits et de l'autonomie des personnes handicapées
RQTH	Reconnaissance de la qualité travailleur handicapé

MIXTE
Papier issu de
sources responsables
FSC® C004472

Achevé d'imprimer en juillet 2021 par Wilco aux Pays-Bas
Dépôt légal: août 2021
N° éditeur MAGSI20200486